GALERIE
DES PEINTRES
LES PLUS CÉLÈBRES.

PARIS. — TYPOGRAPHIE DE FIRMIN DIDOT FRÈRES,
RUE JACOB, 56.

ŒUVRES COMPLÈTES

DE

NICOLAS POUSSIN.

TOME PREMIER.

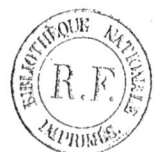

PARIS,
LIBRAIRIE DE FIRMIN DIDOT FRÈRES, ÉDITEURS,
IMPRIMEURS DE L'INSTITUT DE FRANCE,
RUE JACOB, N° 56.

M DCCC XLV.

VIE DE NICOLAS POUSSIN.

NICOLAS POUSSIN descend d'une famille noble de Picardie, établie dans le comté de Soissons. Son père sortit de son pays à la suite des troubles et des guerres civiles, suivit la fortune et les armes du roi de Navarre, depuis Henri IV, et vint s'établir ensuite aux Andelys, en Normandie; il s'y maria, et eut, en 1594, un fils, Nicolas Poussin. Cet enfant montra dès ses jeunes années d'heureuses dispositions pour l'étude; mais bientôt un sentiment inné qui le portait à imiter les objets naturels qui frappaient ses regards, lui fit tracer toutes sortes de figures, non au hasard, comme le font ordinairement les enfants, mais avec une sorte de vérité et d'intelligence très-remarquables; il chargeait ses livres et les murs de l'école de ses dessins, malgré les remontrances de ses maîtres et de ses parents, qui lui reprochaient sans cesse de consumer un temps précieux à cette occupation puérile.

Quintin Varin se trouvait alors aux Andelys; il démêla les caractères d'un génie précoce dans les premiers essais du Poussin; il fortifia son inclination pour les arts, l'engagea à se livrer à leur étude, et lui promit d'heureux succès. Ces encouragements exaltent la tête du jeune artiste; la carrière semble s'ouvrir devant lui; il brûle de la parcourir, et, désespérant d'obtenir l'agrément de son père, il part à son insu pour Paris, où il compte se livrer sans distraction à une étude qui fait l'objet de tous ses désirs et du plus flatteur espoir. A dix-huit ans, sans expérience, sans recommandation, sans argent, Nicolas Poussin comptait sur la fortune; elle lui ménageait en effet un honorable asile dans la maison d'un gentilhomme de Poitou, amateur des arts; il y fut reçu avec bonté, et y trouva les moyens de suivre ses goûts.

Le Poussin avait le plus grand désir de s'instruire, mais il chercha en vain des maîtres et des préceptes qui convinssent à l'idée imposante qu'il s'était formée lui-même de l'art. A cette époque, il régnait en France un mauvais goût de peinture; l'école de Raphaël s'était éteinte au milieu des troubles et des guerres, et celle des Caraches, qui en Italie commençait à ramener le bon goût et les vrais principes, n'avait pas encore exercé d'influence au delà des monts. Le Poussin changea donc plusieurs fois de maître. Ferdinand Elle, Flamand, peintre de portraits assez habile, chez lequel il travailla, ne pouvait pas être d'une grande utilité à une jeune imagination qui sentait déjà ses ailes, brûlait de s'élancer dans la carrière historique, et ne recherchait dans les formes naturelles que l'idéal de la beauté. Cependant, le Poussin ne resta pas sans conseils; le sort le favorisa encore dans la connaissance qu'il fit de Courtois, mathématicien du roi, qui habitait la galerie du Louvre, et y avait réuni une belle collection de gravures, particulièrement de celles de Marc Antoine, d'après Raphaël et Jules Romain. Dès que ce trésor fut ouvert à l'admiration du Poussin, il vit s'étendre et se développer la vraie route; il reconnut avec transport les guides qu'il devait y suivre, et que son génie avait déjà devinés. Le sentiment qu'il possédait pour le beau n'ayant pas été contraint par les systèmes de l'école, ni soumis aux vues rétrécies d'un maître, il s'élança de toutes les forces du génie vers la perfection, et n'eut pas besoin de secours étrangers pour apprécier les traits distinctifs de ce caractère grandiose, et même de cette grâce idéale et fugitive qui fait le charme des chefs-d'œuvre de Raphaël. Le Poussin se nourrit de l'étude constante de ce maître; il le copia avec le plus grand soin; il s'appropria son style, ses formes, le mouvement de ses figures, et même le mécanisme admirable de ses compositions.

Sur ces entrefaites, le gentilhomme poitevin, son protecteur, quittant la cour pour retourner dans ses foyers, engagea le Poussin à le suivre : il désirait orner son château de peintures; l'artiste reconnaissant se prêta à ce désir avec d'autant plus d'ardeur, qu'il y voyait l'occasion de mettre en pratique les leçons qu'il avait puisées dans les ouvrages des grands maîtres d'Italie; mais son protecteur, encore jeune et soumis aux volontés de sa famille, se vit contrarié dans ce noble projet, qui l'aurait peut-être illustré. Bientôt les espérances du Poussin furent renversées, il était même regardé de mauvais œil, et on l'employait à des affaires domestiques qui prenaient tout son temps, et lui donnèrent enfin tant de dégoût, qu'il quitta cette maison, et partit à pied pour Paris. Faute de moyens, il ne put exécuter de suite ce long voyage, et ce ne fut qu'en allant de ville en ville mendier, en quelque sorte, des travaux indignes de lui, qu'il arriva enfin dans la capitale. La fatigue, la misère et le chagrin lui occasionnèrent une longue maladie, dont il ne put même se délivrer qu'en se faisant transporter dans son pays natal. Il paraît qu'à cette époque les artistes étaient presque assimilés aux ouvriers, qui portent leur industrie là où ils croient trouver de l'occupation, et qui gagnent ainsi leur pain en changeant continuellement de pays. Nous voyons le Poussin forcé de mener une vie errante et pénible, peignant le décor, le portrait, et parfois, mais rarement, quelques sujets historiques. C'est sans doute à cette malheureuse époque que l'on doit rapporter quelques tableaux de sa première manière, tels que ceux de l'église des Capucins de Blois, et des Bacchanales qu'on voyait au château de Chiverny.

L'objet du Poussin était d'acquérir une assez forte somme pour pouvoir entreprendre le voyage de Rome. Toutes ses idées étaient tournées vers ce but, tous ses pas tendaient à s'en rapprocher; il parvint une fois jusqu'à Florence, mais un accident imprévu l'obligea de rebrousser chemin. Une autre fois, se trouvant à Lyon, il s'achemina de nouveau vers Rome; mais il fut arrêté pour dettes, et forcé de livrer tout l'argent qu'il avait amassé pour son voyage. A cette occasion, le Poussin racontait lui-même que, ne trouvant plus qu'un écu dans sa bourse, il nargua la fortune, et l'apostropha, en s'écriant : *Tiens, prends encore celui-ci*, et il le dépensa le même soir en soupant avec ses compagnons, qui admiraient sa gaieté et sa philosophie.

Forcé de différer encore son voyage en Italie, le Poussin cherchait les occasions d'exercer son pinceau, lorsqu'en 1623 les jésuites, voulant célébrer avec éclat la canonisation de saint Ignace et de saint François-Xavier, résolurent de faire faire des tableaux de décor représentant les miracles de leurs saints protecteurs. Le Poussin fut chargé de six de ces grandes compositions, qu'il exécuta en détrempe, presque en un même nombre de jours, tant était grande la facilité qu'il avait déjà acquise. Il s'y montra néanmoins tellement supérieur à ses rivaux, livrés à une manière routinière, qu'on put juger dès ce moment de la noblesse de ses pensées et de la vigueur de son génie.

Le cavalier Marino, poëte célèbre, se trouvait alors à Paris; familiarisé avec les chefs-d'œuvre des arts, il apprécia tout le mérite du Poussin, rechercha sa connaissance, et lui proposa de venir travailler chez lui. Les hommes de génie savent se deviner, et se conviennent, surtout lorsque les arts qu'ils exercent ne sont pas les mêmes. La peinture et la poésie sont sœurs, mais n'ont jamais été rivales. Les infirmités de Marino le forçaient de garder le lit; la société du Poussin lui offrit de grandes ressources : il le trouva prompt à saisir la pantomime des sujets historiques et l'expression convenable aux personnages, et capable, en un mot, de se pénétrer comme les poëtes d'une inspiration vive et profonde. De son côté, le Poussin tirait un grand profit de la conversation instructive et animée de son aimable protecteur, et des lectures qu'ils faisaient ensemble.

On doit dater de cette époque le goût que le Poussin a toujours eu pour les compositions poétiques dans lesquelles les nymphes, les satyres et les bergers ont joué un grand rôle, et l'instruction profonde et variée qu'il montre dans les sujets de la fable ou de l'histoire. C'est aussi à cette époque ou à l'influence qu'elle a peut-être longtemps exercée sur le talent du Poussin, qu'on doit rapporter les tableaux dans lesquels cet artiste, moins difficile sur le style sévère et profond de ses compositions, paraît s'attacher davantage à la grâce des poses, à la suavité du coloris, à la richesse des accessoires, qu'à la noble sévérité du style et à la profondeur des pensées qui caractérisent les ouvrages exécutés vers le milieu de sa carrière.

Pendant sa liaison avec Marino, le Poussin fit pour lui, et sous ses yeux, des dessins dont les sujets étaient puisés dans les ouvrages de ce poëte, et particulièrement dans son poëme d'*Adonis* (1). Parmi ces dessins on remarque la *Naissance d'Adonis*, dont la mère, l'infortunée Myrrha, subit la métamorphose qui la convertit en arbre. Ses pieds réunis s'attachent à la terre en forme de racines, son corps est déjà couvert d'écorce, ses bras étendus vers le ciel supportent des rameaux chargés de feuillage; les nymphes s'empressent autour de cet arbre qui respire encore; l'une d'elles soutient le nouveau-né, d'autres accourent avec des vases, des langes; toutes semblent admirer la beauté de cet enfant, dont la naissance coûte la vie à sa mère. On reconnaît dans ces dessins quelle était déjà la fécondité de l'imagination du peintre, et combien il avait profité de ses études d'après

---

(1) Ces dessins ornent un manuscrit, de la propre main de Marino, que l'on conservait dans la bibliothèque du cardinal Massimi. Il serait bien à désirer que ces dessins précieux pour l'histoire du talent du Poussin, qui devient ici celle de tous les artistes, fussent gravés, si toutefois ils existent encore.

Raphaël et Jules Romain, et des conseils de Marino. Son esprit était orné des couleurs poétiques qui conviennent si bien à la peinture, et qu'il sut toujours répandre sur ses ouvrages.

Cependant, le cavalier Marino retourna à Rome; il voulait y amener son ami, qui ne put aller le rejoindre que plusieurs mois après, ayant à terminer quelques tableaux, au nombre desquels était peut-être celui du *Trépas de la Vierge* entourée des apôtres, qu'on voyait (suivant Félibien) dans une chapelle de Notre-Dame, à Paris, et qui a toujours été regardé comme étant la première manière de ce maître.

Le Poussin arriva à Rome au printemps de 1624; il avait trente ans. Parvenu enfin au but si longtemps désiré, il avait cependant à combattre encore la mauvaise fortune; il jouit peu des avantages que lui promettait l'amitié de Marino, qui retourna à Naples, sa patrie, où il termina sa vie peu de temps après. Avant de partir, le poëte avait recommandé l'artiste à Marcel Sacchetti, qui le présenta au cardinal Barberini, neveu du pape Urbain VII; mais, par malheur, ce nouveau protecteur partit pour ses légations de France et d'Espagne avant d'avoir pu lui être utile; et le Poussin, se trouvant sans espoir, sans moyens, sans connaissances, fut obligé de livrer ses tableaux à vil prix : deux batailles (1), qui contenaient un grand nombre de figures, lui furent payées chacune 7 écus, ce qu'il avoua lui-même en les revoyant plus tard. Il ne put avoir d'une figure de prophète que 8 francs, tandis que la copie qu'en fit un autre peintre fut payée 4 écus.

L'adversité est le creuset où se purifient la vertu et les talents, et l'on voit presque tous les grands hommes lutter contre le sort contraire, et briller ensuite d'un éclat d'autant plus vif, qu'ils ont eu plus d'obstacles à surmonter. Le Poussin trouva dans sa force d'âme et dans son ardent amour pour les arts l'énergie nécessaire pour affronter la fortune; elle lui refusait ses faveurs, il parvint à les lui arracher. Jusqu'alors il n'avait vécu qu'avec des protecteurs, il acquit un bien plus précieux, un ami : François Duquesnoy, dit *le Flamand*, sculpteur habile, studieux, et aussi maltraité de la fortune que le Poussin, partagea avec lui sa misère, ses études, ses travaux; ils recherchèrent ensemble la véritable beauté et les proportions exactes du corps humain dans plusieurs chefs-d'œuvre de sculpture antique, qu'ils dessinèrent et mesurèrent avec le plus grand soin; ils étudièrent aussi le célèbre tableau du Titien, représentant le Jeu des Amours, qu'on voyait à la Villa Ludovisi, et qui depuis a été transporté en Espagne. Le Poussin, qui copiait rarement, voulut cependant imiter ce tableau remarquable par la variété des mouvements, la pureté du dessin, et surtout la beauté du coloris; et même, à l'instar du Flamand, il le modela en bas-relief, y puisa une belle manière de dessiner les jeunes enfants, et appliqua cette étude à plusieurs tableaux de Bacchanales qu'il exécuta à cette époque, tant à la détrempe qu'à l'huile.

L'ardeur du Poussin pour l'étude était telle, que même les jours de fête il s'écartait dans ses promenades de la compagnie de ses amis, laissait les jeux auxquels ils se livraient,

---

(1) Du temps de Félibien, ces deux batailles étaient dans le cabinet du duc de Noailles.

pour aller dessiner au Capitole, ou bien il cherchait à travers les ruines de l'antique palais des Césars ou dans les campagnes désertes, quelques débris de la grandeur romaine; se livrant aux prestiges d'une imagination exaltée, il rétablissait ces ruines, évoquait leurs anciens habitants, et, devenu lui-même Romain, il revenait tracer les sujets historiques qui devaient animer ses compositions.

Il s'appliquait aussi à la géométrie et à la perspective, y puisait les procédés exacts pour la dégradation des objets, et les effets de la lumière et des ombres, dont il sut faire de si heureuses applications dans ses ouvrages. Il avait déjà commencé à Paris l'étude de l'anatomie dans un hôpital; il s'y adonna de nouveau, soit en étudiant les écrits et les figures anatomiques de Vesale, soit en s'exerçant à la dissection, sous la conduite de Nicolas Larche, habile chirurgien, avec lequel il s'instruisait à fond de la structure interne du corps humain; quant à l'étude du modèle vivant, il fréquentait l'école du Dominiquin, pour lors la meilleure, et il allait aussi parfois à celle d'André Sacchi, à cause d'un modèle célèbre pour l'esprit, l'aisance et le naturel qu'il savait donner aux poses qu'on lui indiquait.

Cependant la gloire du Guide était dans tout son éclat; la plupart des jeunes élèves, tant Italiens qu'étrangers, séduits par la manière spirituelle, facile et agréable de ce maître, copiaient ses ouvrages, et surtout son tableau de *Saint André conduit au martyre*, peint à fresque dans l'église de Saint-Grégoire. Le goût bien plus sûr du Poussin le mettait à l'abri de toute séduction; il était le seul qui étudiât la *Flagellation* du même saint, peinte vis-à-vis par le Dominiquin, et il regardait son auteur comme le digne successeur des Caraches, tant par la correction du dessin que par la vigueur de l'expression. Il sut si bien apprécier les beautés de ce tableau, et les faire ressortir en les analysant partie par partie, qu'il persuada tous les élèves, leur inspira le désir de suivre son exemple, et leur fit abandonner les traces du Guide pour suivre celles du Dominiquin. Cette espèce de révolution qu'il opéra parmi les artistes lui fit beaucoup d'honneur, mais lui suscita peut-être une mauvaise rencontre, dans laquelle il courut un grand danger, et montra autant de présence d'esprit que de bravoure.

A cette époque, il était survenu quelque différend entre le Saint-Siége et la France, et l'on avait levé à Rome des compagnies de soldats. Chargés de veiller au maintien de la tranquillité, ils la troublaient souvent eux-mêmes, en insultant les Français qu'ils rencontraient dans les rues. Un jour le Poussin revenait chez lui, le portefeuille sous le bras, et accompagné de deux autres Français; ils rencontrèrent au carrefour des Quatre-Fontaines quelques soldats qui mirent aussitôt l'épée à la main, et coururent sur le Poussin et ses compagnons. Ceux-ci se sauvèrent à la hâte, le laissant se débattre avec les assaillants, dont il parait les coups au moyen de son portefeuille; mais il ne put si bien le faire qu'il ne reçût un coup d'épée sur la main droite, entre le premier doigt et celui du milieu; et si l'épée n'avait pas tourné, il arrivait *un grand malheur à lui et à la peinture*(1). Cepen-

---

(1) Expressions de Passeri, le seul auteur qui rapporte cette anecdote.

dant le Poussin se défendait vaillamment; quoiqu'il fût sans armes, et tout en faisant retraite lui-même, il mit en fuite les ennemis à coups de pierres, et put regagner sa maison sans être inquiété davantage. Néanmoins, pour ne pas s'exposer inutilement à de pareilles rencontres, on lui conseilla de quitter les habits français, pour lors différents de ceux qu'on portait en Italie, et il prit le parti d'adopter le costume italien, qu'il conserva toujours.

Vers la même époque, le Poussin fut attaqué d'une maladie qui mit longtemps ses jours en danger, mais il ne fut point abandonné de la Providence : elle lui fit faire la connaissance d'un Parisien, nommé Jacques Dughet, qui le prit chez lui, le recommanda à sa femme et à ses enfants, qui lui prodiguèrent les soins les plus empressés et les consolations de l'amitié. Le Poussin conçut la plus vive affection pour cette respectable famille, et résolut de s'allier avec elle. Dughet avait plusieurs enfants ; l'artiste reconnaissant lui demanda une de ses filles, et l'épousa en 1629, le jour de Saint-Luc, protecteur des peintres. La dot de sa femme lui donna les moyens d'acheter une petite maison, et, désormais à l'abri du besoin et des inquiétudes d'esprit qui en sont la suite, il put se livrer en entier à l'étude et à l'exercice de son beau talent. Le mariage du Poussin fut stérile ; mais, s'il n'eut point d'enfants, il adopta et fit présent à la peinture de l'un des frères de sa femme, le célèbre Gaspard Dughet, dit *le Gaspre*, auquel il laissa pour héritage son nom et son talent dans le paysage.

Le cardinal Barberini, de retour de ses légations, dédommagea le Poussin de ce qu'il avait souffert en son absence; il lui donna à traiter plusieurs sujets, tels que la *Destruction de Jérusalem*; *l'Idole de Dagon*, qui, à l'aspect de l'arche, tombe brisée; la *Mort de Germanicus*, scène tragique du plus grand caractère, et surtout la *Peste des Philistins*, tableau dans lequel le Poussin s'est élevé aussi haut que Raphaël pour le style et l'expression, et l'a surpassé peut-être pour la richesse des épisodes et l'artifice de la disposition perspective de la scène (1).

Les figures de tous ces tableaux de chevalet n'avaient que deux à trois palmes de proportion, ce qui permit au peintre de les multiplier, et d'étendre par là sa renommée, sans faire tort à son talent, quoiqu'il fût restreint dans des bornes si étroites; car, lorsque dans l'intervalle il eut à traiter des sujets de grandes proportions, il fit voir peut-être moins d'habitude que les autres peintres dans l'exercice de la main, mais une si grande fierté dans l'expression des objets, tant de noblesse et de grandiose dans son style, que ces tableaux se soutiennent auprès de ceux des plus grands maîtres.

Le commandeur Cassiano del Pozzo, célèbre amateur des arts, dont la générosité et les nobles encouragements étaient d'une grande utilité aux artistes, ouvrit son musée au Poussin, et lui procura la communication des écrits de Léonard de Vinci, conservés dans la bibliothèque Barberine. L'artiste, bien en état d'apprécier l'importance de cet ouvrage, en adopta les principes, y conforma sa conduite, et composa les dessins qui servent de dé-

(1) Ce tableau rapporta au Poussin bien plus de gloire que de profit, il le vendit quarante écus; après avoir passé successivement dans le cabinet de plusieurs amateurs, il fut acheté mille écus par le duc de Richelieu. Il est maintenant au Musée.

monstration et d'éclaircissement au texte. Il fit aussi pour son Mécène un grand nombre de dessins d'après les plus beaux monuments de l'antiquité, et c'est à ses soins et à la protection du cardinal Barberini qu'il fut chargé de l'exécution de l'un des grands tableaux qui devaient être copiés en mosaïque pour la basilique de Saint-Pierre. Ce tableau (1), représentant le *Martyre de saint Érasme*, l'un des plus capitaux du Poussin, est le seul qu'il ait signé, et il n'y mit son nom, disait-il lui-même, que dans la crainte qu'on attribuât ce faible ouvrage aux grands maîtres qui avaient déjà orné cette basilique de leurs chefs-d'œuvre.

C'est à la même époque qu'il peignit pour le marquis Amédée del Pozzo, de Turin, le *Passage de la mer Rouge*, l'*Adoration du veau d'or*. Le *Frappement du rocher* fut un don de l'amitié du Poussin envers Jacques Stella, son élève, et l'un de ceux qui ont le plus approché de sa manière.

Ce même sujet fut répété avec quelques changements pour un amateur, M. de Gillier, qui était attaché au duc de Créqui. Nous connaissons un troisième tableau du Poussin, représentant le même sujet; il est supérieur aux deux autres par la vivacité de la touche, et surtout du coloris, qui, pour la vigueur et l'harmonie, approche de celui du Titien, et fait voir que si le Poussin n'a pas ordinairement excellé dans cette partie, c'est par une sorte de calcul, et dans la crainte de se laisser entraîner par le charme du coloris, qui lui aurait fait perdre de vue les qualités essentielles de la peinture, qu'il mettait bien au-dessus.

Nous voici arrivés au temps où le Poussin, tranquille, estimé, et jouissant d'une grande célébrité, se consacra en entier à l'exécution d'une multitude d'ouvrages qu'il est inutile de passer en revue, car les gravures sont entre les mains de tous les artistes, et particulièrement celles des fameux *Sept Sacrements*, faits en différents temps pour le commandeur del Pozzo, et des mêmes sujets que l'artiste peignit une seconde fois pour M. de Chanteloup, trouvant dans la fécondité de son génie le moyen de se répéter sans être moins neuf et moins sublime. L'*Extrême-Onction*, le premier de ces sujets qu'il traita, est peut-être le plus beau. Il semble que le Poussin, contrarié longtemps par la fortune, s'est plu à méditer avec la douleur, qui lui a fourni ses couleurs les plus touchantes et les plus admirables compositions. Il n'exécuta le *Sacrement de Mariage* qu'en dernier, et réussit moins bien que dans les autres : ce qui fit dire qu'un bon mariage était très-difficile à faire, même en peinture.

Dans les quatre *Bacchanales*, le *Triomphe de Bacchus*, et celui de *Neptune*, que le Poussin fit pour le cardinal de Richelieu, on voit qu'il imita les bas-reliefs antiques représentant ces sujets; mais il sut bien distinguer la différence des genres, orna ces tableaux de fonds de paysages très-riches, et profita de ce vaste champ pour disposer ses figures sur plusieurs plans en profondeur, ce que les auteurs des bas-reliefs antiques ont rarement pratiqué, et dont les sculpteurs modernes ont fait souvent abus.

Tous ces travaux multipliés étendirent la réputation du Poussin dans toutes les parties

(1) Maintenant au Musée.

de l'Europe où les arts étaient en quelque honneur, et particulièrement dans sa patrie; elle fut jalouse de devoir à l'Italie le développement des talents de cet artiste célèbre, et voulut réclamer sa part de l'illustration que les travaux du Poussin devaient répandre autour de lui; d'ailleurs, le lustre nouveau qu'acquérait l'école romaine fit désirer au cardinal de Richelieu (moins amateur des arts et de la littérature qu'il n'était avide de gloire et d'illustration personnelle) de faire refleurir les arts en France, et il fit adopter au roi le vaste projet qu'il était réservé à un siècle plus glorieux de mettre à exécution, celui de rétablir et de terminer le Louvre, d'orner sa grande galerie, de restaurer le château de Fontainebleau et les autres maisons royales; il voulut s'entourer d'artistes capables de répondre à ces grandes vues et de les exécuter.

Les talents variés du Poussin, ses principes sévères sur l'art, la sagesse de sa conduite, la modération de son caractère, le portaient naturellement à la tête de cette noble entreprise; en conséquence, il fut appelé, en 1639, par une lettre de M. Desnoyers, alors surintendant des bâtiments, et par un ordre encore plus pressant du roi; mais l'artiste philosophe se rappelait tout ce qu'il avait eu à souffrir en France pendant sa jeunesse; il savait apprécier la légèreté de ses compatriotes, la vanité des promesses des grands; d'ailleurs, la nécessité, l'habitude et la reconnaissance, lui avaient fait adopter le séjour de l'Italie. En effet, chéri de ses amis, honoré de tout ce que Rome contenait de véritables amateurs, respecté de ses rivaux, il était sûr désormais d'une réputation acquise avec peine, mais aussi que rien ne pouvait lui faire perdre. Il résista pendant plus de deux ans aux ordres de Louis XIII, aux désirs d'un ministre tout-puissant, aux vœux de ses admirateurs, et surtout d'un public impatient que les obstacles irritent, et qui s'engoue aisément pour tout ce qui est nouveau. On ne trouva d'autre moyen pour décider le Poussin à faire ce voyage que d'envoyer à Rome M. de Chanteloup, qui détruisit toutes ses objections, et le ramena avec lui vers la fin de l'année 1640.

Dès son arrivée à Fontainebleau, le Poussin commença à éprouver les effets de la bonté et des grâces du roi; il fut accueilli avec distinction, traité splendidement pendant trois jours par un gentilhomme nommé à cet effet; amené ensuite à Paris, il alla voir le cardinal de Richelieu, qui le reçut à bras ouverts. Quelques jours après, le Poussin partit pour Saint-Germain, où était la cour. Le roi, voulant éprouver la sagacité du peintre, s'était mêlé parmi ses courtisans; mais celui-ci le reconnut au premier coup d'œil, et s'inclina respectueusement devant le monarque, qui lui fit beaucoup de caresses, et s'entretint longtemps avec lui; l'artiste répondait à toutes les questions avec beaucoup de présence d'esprit, et ayant exprimé son bonheur de contempler et de servir un tel maître, le roi, avec cette affabilité qui lui était si naturelle, dit tout haut que ses talents devaient être l'ornement de son règne, et lui proposa aussitôt de faire deux grands tableaux pour les chapelles de Fontainebleau et de Saint-Germain; se tournant ensuite vers ses courtisans, il s'écria : *Voilà Vouët bien attrapé* : imprudente saillie, qui eut les suites les plus fâcheuses pour le Poussin et pour la France, qu'elle priva bientôt de ce grand homme.

Les ordres étaient donnés pour que le Poussin reçût 2,000 écus d'or, dont la moitié était pour ses appointements annuels, et le reste pour ses frais de déplacement et de voyage;

on lui donna encore sa vie durant la jouissance d'une jolie maison, située au milieu du jardin des Tuileries, et qui fut abattue quand le Nôtre replanta ce jardin, sous Louis XIV.

Le roi voulant marquer plus particulièrement l'estime qu'il faisait de la personne et des talents du Poussin, le nomma son premier peintre ordinaire, surintendant de tous les ouvrages de peinture et de restauration des palais royaux, avec les appointements de 3,000 livres. En outre de ses autres ouvrages, on lui demanda pour les appartements du roi huit grands tableaux ou *cartons*, qui devaient être exécutés en tapisserie tissue de soie et rehaussée d'or, à l'imitation de celles de Raphaël. Pour faciliter la prompte exécution de cette entreprise, on lui permit de répéter en grand quelques-unes de ses compositions déjà connues, telles que la *Manne dans le désert* et le *Frappement du rocher*; enfin, il devait orner de ses ouvrages la grande galerie du Louvre, et disposer à son gré la décoration de ce vaste local.

Quoique la plupart de ces projets ne dussent pas avoir leur exécution, néanmoins on ne peut se dissimuler que le voyage du Poussin en France ne fit prendre aux arts une direction qui n'appartient qu'au génie d'indiquer. C'est sans doute d'après ses conseils, et suivant le plan qu'il avait formé, que l'on ordonna tant de restaurations et d'embellissements. Il consulta même plus la gloire de l'art que la sienne propre. Devant tout à l'étude de l'antiquité, il voulut, en quelque sorte, lui rendre un témoignage éclatant de son respect, en l'indiquant comme la base de la méthode d'enseignement de la nouvelle école française, établie sur les sages principes qu'il s'était formés, et que sa propre expérience lui avait fait reconnaître comme les véritables. Les seuls chefs-d'œuvre de sculpture grecque et romaine lui parurent dignes de servir désormais de modèles; il proposa, et l'on convint de faire mouler les statues et bas-reliefs les plus beaux de Rome, particulièrement ceux de l'Arc de Constantin, tirés, comme on le sait, de celui de Trajan, et tout le développement de la colonne triomphale qui porte le nom de ce dernier empereur. L'intention du Poussin était de distribuer ces bas-reliefs dans les compartiments qu'il se proposait de former dans la voûte de la grande galerie.

Mais ce qui annonçait une grande confiance dans l'amour du souverain pour les arts, et dans l'éclatante protection qu'il leur accordait, c'était l'idée de faire jeter en bronze les colosses de Monte Cavallo, pour les placer à l'entrée du Louvre, comme ils le sont à Rome devant le palais du pape. En un mot, tout ce que le génie libéral de François Ier avait conçu, le Poussin voulut l'exécuter, et l'on manda à Rome un artiste de mérite, Charles Errard, pour diriger ces travaux, et pour dessiner, d'après ses indications, les plus beaux monuments des arts. Bientôt après, Errard envoya en France les moules des médaillons de l'Arc de Constantin, de la figure colossale de l'Hercule Farnèse, du Taurobole de la Villa Médicis et des bas-reliefs de la Villa Borghèse, connus sous le nom *des Danseuses*. Ces derniers objets furent coulés en bronze à Paris.

L'architecture n'était pas oubliée dans cette distribution de modèles; on lui fournit les beaux chapiteaux corinthiens des colonnes et pilastres du Panthéon; ceux des autres ordres devaient aussi être moulés. Enfin, au défaut des modèles des peintures antiques, on devait exécuter des copies fidèles des plus célèbres tableaux d'Italie.

On avait besoin d'une volonté plus ferme et de plus de persévérance que n'en ont ordinairement les Français, pour mettre à fin de tels projets; il fallait surtout la tête à la fois calme et ardente du Poussin, toute l'autorité, en quelque sorte, de sa réputation, toute la chaleur de son amour pour les arts, qu'il savait communiquer aux plus indifférents, pour vaincre la langueur qui s'empare des esprits, lorsque la vivacité de l'exécution ne répond pas à l'impatience de leurs désirs.

D'ailleurs, il ne tarda pas à être lui-même en butte à la jalousie de rivaux moins redoutables par leurs talents dans les arts que dans l'intrigue. Ils l'entourèrent de pièges, et lui suscitèrent journellement des difficultés; on l'abreuva même de dégoûts, et on ne rougit pas de consumer le temps précieux de cet homme célèbre à dessiner de misérables vignettes et des frontispices de livres. Obligé de lutter sans cesse contre la malveillance, il multipliait les démarches infructueuses, les mémoires justificatifs; car la supériorité de ses talents contestée, ou au moins obscurcie, avait besoin de toute la force du raisonnement et de la vérité pour se faire valoir; mais le langage de la flatterie envenimait jusqu'à ses moindres actions, et, s'il n'avait pris de lui-même le parti de la retraite, ses protecteurs, plus étourdis que séduits et convaincus par la calomnie, n'auraient pas moins fini par l'abandonner. Il demanda donc la permission de retourner à Rome, et l'obtint, à condition qu'il reviendrait après avoir mis en ordre ses affaires de famille.

Il avait heureusement terminé les tableaux pour les chapelles de Saint-Germain en Laye, du noviciat des jésuites, et ceux que lui avait demandés le cardinal de Richelieu. Loin de désarmer l'envie, ces beaux ouvrages l'avaient animée davantage, et le Poussin fit sans doute allusion à ces tracasseries dans cet admirable plafond où l'on voit le Temps qui soustrait la Vérité aux atteintes des passions haineuses. On peut regarder ce tableau comme l'expression de l'amour-propre blessé, et de la noble indignation d'un homme qui a la conscience de ce qu'il vaut, qui méprise ses ennemis, et croit pouvoir s'élever au delà de leurs atteintes. Il se permit une autre vengeance plus directe (mais que sa grande âme lui défendit de rendre publique, car aucun historien n'en a fait mention), en peignant un tableau allégorique dans lequel on reconnaît le caractère des ignorants rivaux qui s'acharnaient contre ses ouvrages. On sait que dans la décoration de la voûte de la galerie du Louvre, le Poussin avait placé des bas-reliefs feints, représentant les travaux d'Hercule. La tête encore pleine de ces idées, il imagina d'attribuer à ce héros un dernier exploit dirigé contre ses propres ennemis, et le représenta dans l'action de terrasser la Sottise, l'Ignorance et l'Envie, personnifiées sous les traits de Fouquières, le Mercier et Vouët, ses principaux antagonistes.

Cependant l'impulsion que le Poussin avait donnée à l'école française, quoique ralentie, subsistait encore après son départ, et la semence qu'il avait jetée, pour ainsi dire, au hasard, fructifia dans l'esprit des jeunes artistes qui devaient illustrer le siècle de Louis XIV. Le Sueur, Lahire, Bourdon, Stella, Michel Corneille, Mignard, Dufrenoy et plusieurs autres, quoique élèves de Vouët, semblent l'être encore plus du Poussin que de ce peintre facile, mais maniéré; et l'on reconnaît dans le caractère de leur talent cet amour des convenances, de l'ordre et de la simplicité antiques; on voit que ces artistes avaient puisé

VIE DE NICOLAS POUSSIN.

à l'école du Poussin des accessoires d'un bon goût, des fonds d'architecture d'un style sévère, des paysages touchés non-seulement avec l'esprit et le sentiment de la couleur suave de Vouët, mais avec cette noble vérité des lignes et des formes, cette manière large et *accusée* dans le feuillé, et cette disposition grandiose des plans, qui distinguent si éminemment les paysages du Poussin. Lebrun fut le seul peintre de cette époque qui prit un caractère différent. Il voulut se créer une manière indépendante qui ne manquait pas de force, d'énergie et d'une sorte de grandeur, mais il s'écarta de la simplicité pour adopter un luxe de faux ornements, une magnificence qui dégénérait quelquefois en mauvais goût.

Revenons au Poussin. Son retour à Rome vers la fin de 1642, après deux ans d'absence, fut une espèce de triomphe dont il apprécia toutes les douceurs. Les grâces qu'il avait reçues du roi de France semblaient relever son mérite aux yeux de bien des gens; chacun voulait le voir, le féliciter de ses succès et de l'éclat de ses titres. Lui seul n'avait point été ébloui par les faveurs de la fortune; la vraie philosophie, qui faisait le fond de son caractère, le défendait de l'orgueil et de la jactance qu'on aurait peut-être été disposé à lui pardonner, mais qu'il ne se serait pas pardonnés lui-même : aussi rentra-t-il dans l'humble retraite qu'il s'était choisie, et il y retrouva au sein de sa famille le seul luxe du sage : l'aisance, l'amitié, la tranquillité d'esprit et le bonheur.

Il commença par remplir les engagements qu'il avait contractés en France; mais le cardinal de Richelieu, et même bientôt après Louis XIII étant morts, et M. Desnoyers, qui lui avait servi de Mécène, s'étant retiré de la cour, d'autres soins firent suspendre les travaux relatifs aux arts, et le Poussin, se croyant délié de tout engagement, ne pensa plus à retourner dans sa patrie.

Maître enfin de lui et, en quelque sorte, des événements, car l'homme sait les maîtriser, lorsqu'il a appris à dompter ses passions et à borner ses désirs, il recommença le cours d'une vie simple, frugale, consacrée uniquement à l'exercice de son art, des vertus modestes et de la philosophie. Il venait de quitter les sentiers de l'ambition et de la fortune, la renommée lui fut fidèle, et sa réputation brilla d'une plus vive splendeur dans sa modeste habitation de Rome que sous les lambris du Louvre. C'est alors, et dans une longue suite d'années glorieuses (vingt-trois ans), qu'il produisit ses plus admirables compositions, terminant avec soin tous ses tableaux, ne les laissant sortir de ses mains que lorsqu'il y avait apposé le cachet du génie; c'est alors qu'il fit pour la France la *Rébecca*, chef-d'œuvre de grâce et de vérité, le *Jugement de Salomon*, les *Aveugles de Jéricho*, le *Frappement du Rocher*, une seconde suite des *Sept Sacrements*, pour M. de Chanteloup, et la plupart de ses admirables paysages, tels que le *Diogène*, la *Mort de Phocion*, le *Polyphême*, et la *Vue d'un grand chemin*, etc. (1).

Il savait apprécier ses tableaux avec une bonne foi et un désintéressement très-rare; il en marquait lui-même le prix, et si quelques amateurs le trouvaient trop modique, il renvoyait ce que leur générosité voulait y ajouter, laissant à la postérité à fixer la véri-

---

(1) Plusieurs de ces tableaux sont au Musée.

table valeur de ses ouvrages : exemple de modestie et de désintéressement qui n'a guère été imité. M. de Chanteloup lui avait demandé un pendant au tableau de Raphaël représentant la *Vision d'Ézéchiel*. Le Poussin lui envoya le *Ravissement de saint Paul*, en lui recommandant de le faire servir de couverture à celui de Raphaël, ou de ne les faire jamais paraître l'un auprès de l'autre; espérant, disait-il dans sa lettre, *que l'affection qu'il avait pour lui était assez grande pour ne permettre pas qu'il reçût un affront*. Cependant les plus grands connaisseurs reconnurent avec autant de joie que d'orgueil que la France avait son Raphaël aussi bien que l'Italie.

A peine pouvait-il suffire à l'empressement des amateurs, quoiqu'il travaillât avec beaucoup d'assiduité. Il refusait souvent des travaux qu'il n'aurait pu exécuter qu'à une époque éloignée. Sa manière de vivre était très-régulière, et si simple qu'il se passait même de domestiques. Le cardinal Massimi, qu'il reconduisait un soir la lampe à la main, le plaignait de ne pas avoir un seul valet pour le servir. *Et moi, Monseigneur*, lui répliqua l'artiste philosophe, *je vous plains bien davantage d'en avoir un si grand nombre*. La distribution de son temps était aussi bien réglée que ses mœurs étaient pures et simples; il était dans l'usage de se lever de bonne heure, et de faire de l'exercice pendant une heure ou deux. Il parcourait les endroits les plus pittoresques de Rome et de ses environs; mais, le plus souvent, il bornait sa promenade au plateau qui couronne le mont *Pincio* (la Trinité du Mont) et aux jardins Médicis, voisins de son habitation. Se renfermant ensuite dans son atelier, il y travaillait jusqu'à la moitié du jour. Enfin, après dîner, il peignait encore pendant quelques heures. C'est ainsi que par un travail continuel et réglé il est parvenu à produire autant qu'un autre peintre plus facile aurait pu le faire en travaillant par caprice et de pratique. Le soir, il retournait se promener au pied de la même montagne, dans la place d'Espagne, qui était le rendez-vous des étrangers. Entouré de ses amis et des Romains qui recherchaient sa société, suivi des étrangers que sa réputation rendait curieux de le voir et de l'entretenir, il causait amicalement avec tout le monde, écoutait volontiers les autres; mais ensuite ses propres discours, quoique traitant presque toujours des sujets graves et philosophiques, étaient écoutés avec attention et respect; il parlait souvent de son art avec tant d'intérêt et de clarté, qu'il était goûté même de ceux qui n'étaient pas artistes. Il n'avait point la prétention de professer, mais il laissait échapper naturellement et à propos, dans la conversation, les plus beaux préceptes de la peinture; ayant beaucoup lu et observé, il parlait de tout également bien, et ses paroles étaient si parfaitement appropriées au sujet, qu'on aurait pu croire qu'elles étaient méditées et non prononcées d'abondance.

On peut comparer cet homme célèbre et respectable, au milieu de ses amis et de ses élèves, à Platon entouré de ses disciples; le jardin des Médicis, avec ses longues avenues de lauriers et ses magnifiques vestibules, nous retrace les jardins et les portiques de l'académie; c'est dans ce lieu d'où l'on jouit de l'aspect sublime de la ville entière de Rome, de ses campagnes, d'un immense horizon, qui n'est borné que par les sommets bleuâtres de l'Apennin; c'est là, dis-je, à la fin d'un beau jour, ou lorsque la nuit, presque aussi belle, couvrait les objets de son voile transparent et argenté, que le Poussin révélait à ses élèves, non comme Platon, les merveilles de la création, l'origine des choses et l'organisation de l'univers, mais l'art d'étudier, d'imiter et de rendre sensibles ces mêmes merveilles. C'est à cette école que le Gaspre puisait les sages principes de composition qui lui ont valu le surnom de son maître; c'est là que le génie de Claude Lorrain, d'abord timide et recouvert d'une écorce grossière, se développa, et qu'il apprit l'art d'animer ses compositions d'une douce poésie; c'est enfin dans ces épanchements de l'esprit que le Poussin insinuait, si je puis m'exprimer ainsi, les préceptes les plus purs de la morale pittoresque à cette foule d'artistes qui l'entourait. Remontant aux principes de l'art, il définissait la peinture, une *imitation faite avec lignes et couleurs, en quelque superficie, de tout ce qui se voit sous le soleil, ayant pour fin la délectation* (1).

Il n'y a rien de visible, disait-il, *sans lumière, sans formes, sans couleurs, sans distance et sans instrument.*

Pour ce qui est de la matière, elle doit être noble, qui n'ait reçu aucune qualité de l'ouvrier; et pour donner lieu au peintre de montrer son esprit et son industrie, il faut la prendre capable de recevoir la plus excellente forme. Il faut commencer par la disposition, puis par l'ornement, le décor, la beauté, la grâce, la vivacité, le costume, la vraisemblance et le jugement partout. Ces dernières parties sont du peintre, et ne se peuvent enseigner C'est le rameau d'or de Virgile, que nul ne peut trouver ni cueillir, s'il n'est conduit par le destin. Ces neuf parties, ajoute-t-il, *contiennent plusieurs choses dignes d'être écrites par de bonnes et savantes mains.*

On peut, en effet, réduire à ce petit nombre de règles tout ce qu'on a écrit et tout ce qu'on écrira sur les arts d'imitation. Son opinion était aussi que la peinture et la sculpture n'étaient qu'un seul et même art, et ne différaient que dans les moyens d'exécution. Il en donna la preuve dans quelques figures de Termes qu'il modela de ronde bosse et dans la grandeur de l'exécution, pour servir à la décoration d'une maison de plaisance que M. Fouquet faisait construire (2), et on peut juger qu'il aurait été aussi excellent sculpteur que grand peintre, s'il avait voulu manier le ciseau; ce talent lui avait même été toujours fort utile pour l'exécution de ses tableaux, car il en modelait en cire toutes les figures, et en tirait ces effets si justes de clair-obscur et de dégradation des objets en perspective; il se servait ensuite de la nature pour étudier chaque figure en particulier.

Le Poussin s'était occupé d'abord de l'étude attrayante du coloris, dont les tableaux du Titien lui fournissaient de si bons modèles; mais il craignit, avons-nous déjà dit, que cette étude ne le détournât de la partie philosophique de la peinture, à laquelle il était porté naturellement. Il tourna donc de ce côté toutes ses idées, consulta surtout Raphaël pour donner de l'expression à ses figures, représenter avec vérité les passions dont elles devaient être agitées, et trouver enfin le vrai nœud de l'action. Il y apprit l'art de réduire ses sujets, en quelque sorte, à leur plus simple expression, laissant ainsi de la pâture à

---

(1) Tiré d'une lettre qu'il écrivit presque la veille de sa mort à M. de Chambrai, auteur du *Parallèle de l'Architecture.*

(2) Le château de Vaux-le-Vicomte, près de Melun, appelé depuis Vaux-Villars, et à présent Vaux-Praslin.

l'esprit du spectateur, qui, dans ses compositions aussi profondes que bien imaginées, a toujours, en effet, quelque chose à deviner ou matière à réfléchir. Il porta même plus loin que Raphaël la partie philosophique de l'art, et se plaisait à faire des tableaux qui ne contiennent qu'une moralité poétique et souvent neuve, au moins par la manière dont elle est exprimée; tel est celui qu'il intitula *Souvenir de la mort au milieu des prospérités de la vie*, où l'on voit des pasteurs arcadiens et une jeune fille auprès d'une tombe, sur laquelle sont écrits ces mots si touchants : *Et in Arcadiâ ego*, et moi aussi j'habitai l'Arcadie. L'image de la vie humaine, vulgairement connue sous le nom du *Temps qui fait danser les saisons*, peut être rangée dans cette classe de tableaux, ainsi que la sublime composition du *Testament d'Eudamidas*, dont la moralité a besoin, à la vérité, d'être expliquée, mais qui n'en est pas moins un chef-d'œuvre de sensibilité, de grandeur d'âme et de profondeur.

A l'exemple des Grecs, inventeurs de tous les beaux-arts, le Poussin s'était formé diverses manières de peindre, qu'il comparait aux modes de la musique grecque et savait ingénieusement approprier aux sujets graves, légers ou mixtes qu'il avait à traiter; de là cette variété qui règne dans le caractère et l'exécution de ses ouvrages. Néanmoins ils se font aisément reconnaître à la sévérité de leur style, à leur touche moins légère que savante, et à leur coloris plus sévère qu'agréable. On y remarque aussi un certain goût dans les draperies, qui indique l'imitation de l'antique ou plutôt du linge mouillé; presque toutes les figures sont d'un beau choix ; quelques-unes nous retracent des statues antiques connues qui l'ont inspiré, soit pour la nature et l'habitude du corps, soit pour la force et la noblesse de l'expression des têtes. Il a excellé à peindre les jeunes enfants, ce qu'il a gagné à la fréquentation de François Flamand, qui égala les anciens dans cette partie si difficile à saisir sur la nature. Quant à ses figures de femmes, le peintre philosophe leur a donné plus de noblesse que de grâce, et on ne retrouve que rarement dans leurs physionomies ce caractère divin que Raphaël a su imprimer à ses têtes de Vierges, ces formes arrondies, délicates et attrayantes du Corrége, ces poses voluptueuses du Titien; il a en plutôt en vue l'austère sévérité des femmes spartiates ou de ces vertueuses matrones romaines du temps de la république ; en un mot, il semble plutôt avoir pris pour modèles les sœurs d'Apollon et les nymphes de Diane, que les Grâces, compagnes de la déesse de la beauté.

Avant tout, il a considéré dans ses ouvrages la marche et l'ordonnance de la composition, l'expression des figures, la hauteur, la force et la profondeur des pensées. Il ne s'est jamais arrêté aux petits artifices de détail, aux effets péniblement contrastés, à la trop grande recherche des expressions; enfin, l'on ne retrouve pas dans ses œuvres le clinquant de l'esprit, mais l'or pur du génie.

On ne sera donc pas surpris que dès son arrivée à Rome le Poussin ait préféré l'étude des tableaux du Dominiquin à celle des peintures du Guide; on voit même qu'il a conservé de cette impression une sorte de ressemblance avec ce premier peintre, qu'on peut appeler celui des expressions naïves; mais, en l'imitant dans cette partie essentielle de l'art, il a poussé bien plus loin que lui la grandeur du style, la juste observation du costume, des mœurs et des usages de l'antiquité; nul autre, peut-être, ne posséda aussi bien que le Poussin les connaissances historiques si nécessaires à l'artiste. Il ne se trouve dans ses tableaux aucun anachronisme, aucun trait hasardé, aucune faute de convenance; c'est surtout dans les sujets tirés de l'histoire sacrée qu'il a su donner à ses figures le costume large et sévère, qui, s'il n'était pas exactement celui des Hébreux, peu connu d'ailleurs par les monuments, avait au moins cette noble simplicité qui convient aux disciples du Christ et aux premiers pères de l'Église.

Les fonds de ses tableaux étaient aussi en harmonie pour les détails avec le sujet principal; celui de Moïse exposé ou sauvé des eaux retraçait l'aspect d'une ville d'Égypte. Athènes et Rome antiques étaient représentées aussi fidèlement dans quelques autres tableaux. Habile dans l'architecture, il n'a offert que d'importants édifices qui pourraient servir de modèles aux architectes, et où l'on reconnaît les compositions des Bramante, des Peruzzi et des Palladio. Il a soumis ces belles fabriques aux lois les plus sévères de la perspective; et elle est si bien observée dans la distribution des bâtiments sur différents plans, et dans la manière juste de les grouper, qu'on pourrait en quelque sorte en relever le plan. Rome lui fournissait sans doute une partie de ces belles lignes de fabriques; mais il n'appartenait qu'à lui seul de cacher ces heureux larcins sous les plus adroites combinaisons de la convenance; il avait soin d'exclure de ses tableaux ces édifices bizarres que le style moderne commençait à mettre en opposition avec l'architecture romaine, ainsi que les monuments gothiques encore plus éloignés de cette belle simplicité dont il ne s'écartait jamais.

Cette pureté de goût, cette sévérité inaltérable de principes n'abandonna jamais les pinceaux du Poussin, toujours conduit par la raison et la sagesse. Il n'était point cependant dépourvu d'une sorte d'abandon naïf et même de gaieté qu'on remarque dans quelques-unes de ses compositions, et nous pourrions en citer divers traits, si nous ne craignions de nous écarter de la gravité qui doit être en harmonie avec le caractère dominant du plus sage des artistes.

Avant le Poussin, le paysage n'avait guère été qu'un accessoire du genre historique, et si l'on excepte le Titien et les Caraches, la plupart des peintres ne l'avaient traité que d'une manière libre, heurtée et toujours un peu maniérée; il appartenait au Poussin de poser les limites de ce genre, et d'en laisser des modèles qui n'ont point encore été surpassés.

Il puisa l'idée de ses paysages dans ses voyages ou ses promenades autour de Rome, et il ne prit de la nature que des objets nobles, d'un grand caractère, et qui fussent d'accord avec les scènes historiques qu'il y a presque toujours introduites. C'est ce qui a fait dire qu'il s'était créé une nature particulière, résultat de ses réflexions sur les ouvrages des anciens; mais il n'a fait réellement qu'élaguer avec soin ce qui, dans la nature, n'était pas convenable à l'idée d'un beau idéal qui existe aussi bien dans un arbre que dans une figure. A moins que le sujet ne l'exigeât, il n'a jamais représenté une nature pauvre et stérile; il l'a parée de tous les dons de la plus riche végétation. Ses arbres sont droits, vigoureux, immenses; leur forme est grande, leur port superbe; ce sont ces véritables enfants de la terre dont le front brave les tempêtes, et dont les racines, suivant l'expression du poëte, *atteignent l'empire des morts*. Ses montagnes, ses rochers sont d'une proportion imposante, leur cime se perd dans les nuages. Ses fabriques dominantes sont des temples, des palais ou des ruines de la plus noble architecture. Ses sites ne sont pas resserrés, mais d'une telle étendue et d'une si grande richesse qu'une seule de ses compositions pourrait fournir la matière d'un grand nombre de tableaux, tous intéressants, tous d'un grand style. Il y a représenté les accidents de la lumière aux différentes heures du jour; les divers aspects de la campagne, parfois couverte d'un voile sombre que la foudre éclaire et colore, ou bien dévastée par les vents et les pluies orageuses, mais plus souvent rafraîchie par les zéphyrs et la rosée. Enfin, la disposition de ses terrains est savante et bien *cadencée*; l'heureux mélange de la verdure, des rochers, des fabriques, et des eaux circulant parmi les gazons ou tombant en nappes argentées, offre des combinaisons toujours nouvelles et toujours nobles ou gracieuses.

Ces paysages sont animés par une foule de scènes épisodiques qui souvent se rattachent d'une manière ingénieuse au sujet principal, et portent l'intérêt jusqu'aux derniers plans du tableau : tel est celui où le Poussin a exprimé divers effets d'horreur et de crainte, et qu'il peignit à l'occasion de la mort d'un jeune homme qu'un énorme serpent avait étouffé sur le bord d'une fontaine.

Les charmes de la campagne et les plaisirs qu'elle procure sont les plus doux et les plus durables. Ce sont les derniers dont l'homme sache apprécier la douceur, c'est aussi leur image que le Poussin retraça dans les dernières années de sa vie; on retrouve dans ces tableaux toute la fraîcheur de la jeunesse, la vigueur de l'âge mûr et l'expérience de la vieillesse. Semblable à un arbre dont la saison rigoureuse a gelé les rameaux, et qui conserve néanmoins dans son tronc une séve abondante qui, pour être concentrée, n'en est que plus vigoureuse, le Poussin, d'une main tremblante, traçait encore d'admirables compositions. C'est même à cette époque qu'il exécuta ses *Quatre Saisons*, ornées de sujets historiques choisis dans le livre saint qu'il méditait sans cesse. Il ne pouvait représenter la nature plus riche et plus belle qu'à son premier *Printemps*. Le Paradis est le lieu de la scène; Adam et Ève, et la foule des animaux qui vivent encore en paix, en sont les acteurs. Dans *l'Été*, il nous offre les riches moissons de la Palestine et l'épisode touchant de Booz et de Ruth. La grappe de raisin de la terre promise, portée par deux soldats, nous peint bien les trésors de *l'Automne*. Enfin, le tableau admirable qui reçut en quelque sorte le dernier souffle du Poussin, et dans lequel il semble avoir fait passer tout son génie, celui qui caractérise *l'Hiver*, le Déluge universel en un mot, si souvent décrit et si universellement admiré, est son chef-d'œuvre et le dernier (1) effort de ses

---

(1) Il écrivait en janvier 1665 à Félibien : « *Mes infirmités ordinaires s'étant accrues, il est trop tard pour être bien servi; je suis devenu trop infirme, et la paralysie m'empêche d'opérer; aussi, il y a quelque temps que j'ai abandonné les pinceaux, ne pensant plus qu'à me préparer à la mort. J'y touche du corps, c'est fait de moi.* » Dans une autre lettre adressée le 7 mars 1665 à M. de Chambrai, et qui contient en quelque sorte la profession de foi pittoresque du Poussin, dont nous avons extrait quelques préceptes, il commence ainsi : « *Il faut à la fin tâcher à se réveiller après un si long silence; il faut se faire entendre pendant que le pouls nous bat encore un peu*, etc. »

pinceaux; il le finit en 1664. Depuis ce moment, ses infirmités s'aggravèrent de jour en jour, et le conduisirent enfin au tombeau le 19 novembre 1665, à l'âge de soixante et onze ans et cinq mois. Son corps fut transporté à l'église de Saint-Laurent *in lucina*, où ses nombreux amis, les membres de l'académie de Saint-Luc et tous les artistes vinrent lui rendre les derniers devoirs et répandre quelques fleurs sur sa tombe. Pietro Bellori, son historien et son ami, composa ces vers pour être gravés un jour sur son monument :

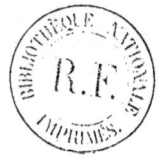

Parce piis lacrymis, vivit Pussinus in urnâ,
Vivere quid dederat, nescius ipse mori :
Hic tamen ipse silet ; si vis audire loquentem,
Mirum est, in tabulis vivit, et eloquitur.

TABLE DES PLANCHES

DE L'ŒUVRE

DE NICOLAS POUSSIN.

TOME PREMIER.

Pl. 1. PORTRAIT DU POUSSIN. Il existe plusieurs portraits gravés de ce maître; on a préféré celui-ci dont le tableau original est au Musée

ANCIEN TESTAMENT.

Pl. 2. FRONTISPICE POUR LA BIBLE.
Pl. 3. SACRIFICE DE NOÉ.
Pl. 4. REBECCA ET ÉLIÉZER.
Pl. 5. JACOB DEMANDE A LABAN SA FILLE RACHEL.
Pl. 6. JACOB DEMANDE A LABAN SA FILLE RACHEL. *
Pl. 7. MOÏSE EXPOSÉ SUR LES EAUX.
Pl. 8. MOÏSE SAUVÉ DES EAUX. **
Pl. 9. MOÏSE SAUVÉ DES EAUX.
Pl. 10. MOÏSE SAUVÉ DES EAUX. *.*
Pl. 11. MOÏSE SAUVÉ DES EAUX. *
Pl. 12. MOÏSE FOULANT AUX PIEDS LA COURONNE DE PHARAON.
Pl. 13. MOÏSE FOULANT AUX PIEDS LA COURONNE DE PHARAON. *
Pl. 14. MOÏSE A LA FONTAINE. Ou Moïse défendant les filles de Jethro.

Pl. 15. MOÏSE A LA FONTAINE. *
Pl. 16. LE BUISSON ARDENT.
Pl. 17. MOÏSE CHANGE EN SERPENT LA VERGE D'AARON.
Pl. 18. LE PASSAGE DE LA MER ROUGE.
Pl. 19. LA MANNE DANS LE DÉSERT.
Pl. 20. LE FRAPPEMENT DU ROCHER.
Pl. 21. LE FRAPPEMENT DU ROCHER. *
Pl. 22. LE FRAPPEMENT DU ROCHER. **
Pl. 23. LE FRAPPEMENT DU ROCHER. *.*
Pl. 24. L'ADORATION DU VEAU D'OR.
Pl. 25. L'ADORATION DU VEAU D'OR. *
Pl. 26. LE TRIOMPHE DE DAVID.
Pl. 27. LA PESTE DES PHILISTINS.
Pl. 28. LE JUGEMENT DE SALOMON.
Pl. 29. ESTHER DEVANT ASSUÉRUS.

NOUVEAU TESTAMENT.

Pl. 30. L'ANNONCIATION.
Pl. 31. L'ANNONCIATION. *
Pl. 32. LE MARIAGE DE LA VIERGE.
Pl. 33. L'ADORATION DES BERGERS.
Pl. 34. LA CRÈCHE. ***
Pl. 35. LA CRÈCHE. *.*
Pl. 36. LA CRÈCHE.
Pl. 37. LA CRÈCHE. **
Pl. 38. LA CRÈCHE. *
Pl. 39. ADORATION DES MAGES. **
Pl. 40. ADORATION DES MAGES. *
Pl. 41. ADORATION DES MAGES.
Pl. 42. LA VIERGE ET L'ENFANT JÉSUS. L'ENFANT JÉSUS.

Pl. 43. LA VIERGE ET L'ENFANT JÉSUS.
Pl. 44. LA VIERGE, L'ENFANT JÉSUS ET LE PETIT SAINT JEAN.
Pl. 45. LA VIERGE, L'ENFANT JÉSUS ET SAINT JOSEPH.
Pl. 46. LA SAINTE FAMILLE. *.*
Pl. 47. LA VIERGE, L'ENFANT JÉSUS ET SAINT JEAN SERVIS PAR LES ANGES.
Pl. 48. LA VIERGE, L'ENFANT JÉSUS ET SAINT JOSEPH.
Pl. 49. LA SAINTE FAMILLE. **
Pl. 50. LA SAINTE FAMILLE. (a)
Pl. 51. LA SAINTE FAMILLE. *.*
Pl. 52. LA SAINTE FAMILLE. *

TABLE DES PLANCHES DE L'OEUVRE DE NICOLAS POUSSIN.

Pl. 53. La sainte Famille. (**)
Pl. 54. La sainte Famille.
Pl. 55. La sainte Famille.
Pl. 56. La sainte Famille. (b)
Pl. 57. La sainte Famille. **
Pl. 58. La sainte Famille. (*)
Pl. 59. La sainte Famille dans un paysage.
Pl. 60. La sainte Famille servie par les Anges.
Pl. 61. Des Anges apportent des fleurs a la sainte Famille.
Pl. 62. La sainte Famille. ($^*_*$)
Pl. 63. La Vierge, l'Enfant Jésus et saint Joseph. *
Pl. 64. La Fuite en Égypte. *
Pl. 65. La Fuite en Égypte.
Pl. 66. La sainte Famille servie par les Anges.*
Pl. 67. Le Repos en Égypte.
Pl. 68. Le Massacre des Innocents.
Pl. 69. Le Baptême de Jésus-Christ.
Pl. 70. Le Baptême de Jésus-Christ. *
Pl. 71. Saint Jean baptisant sur les bords du Jourdain.
Pl. 72. Jésus opérant des miracles.
Pl. 73. La Samaritaine.
Pl. 74. Les Aveugles de Jéricho.
Pl. 75. La Femme adultère.
Pl. 76. Entrée de Jésus dans Jérusalem. *
Pl. 77. Entrée de Jésus dans Jérusalem. De la suite des quatorze compositions de la Passion, attribuée à Stella, élève du Poussin. Cette suite étant placée dans l'œuvre du Poussin à la Bibliothèque royale, nous avons cru devoir l'admettre aussi dans notre collection.
Pl. 78. La Cène. De la même suite.
Pl. 79. La Cène. *
Pl. 80. Jésus lave les pieds des Apôtres. De la suite attribuée à Stella.
Pl. 81. Jésus au Jardin des Olives. Idem.
Pl. 82. Prise de Jésus. Idem.
Pl. 83. Jésus devant Anne. Idem.
Pl. 84. Reniement de saint Pierre. Idem.

Pl. 85. Jésus devant Caïphe. Idem.
Pl. 86. Jésus outragé par les Juifs. Idem.
Pl. 87. Jésus mené de Caïphe chez Pilate. Idem.
Pl. 88. Jésus devant Pilate. Idem.
Pl. 89. Jésus ramené devant Pilate. Idem.
Pl. 90. Jésus devant Hérode. Idem.
Pl. 91. La Flagellation. Idem.
Pl. 92. Le Crucifiement.
Pl. 93. Le Crucifiement. *
Pl. 94. La Descente de Croix.
Pl. 95. Le Christ au tombeau. **
Pl. 96. Le Christ mort.
Pl. 97. Le Christ au tombeau.
Pl. 98. Le Christ au tombeau.*
Pl. 99. Apparition a la Madeleine.
Pl. 100. Incrédulité de saint Thomas.
Pl. 101. Jésus-Christ donne les clefs a saint Pierre.
Pl. 102. Le Baptême. De la suite des Sept Sacrements, de la collection de M. de Chanteloup, et par suite de celle d'Orléans.
Pl. 103. La Confirmation. Idem.
Pl. 104. L'Eucharistie. Idem.
Pl. 105. La Pénitence. Idem.
Pl. 106. L'Extrême Onction. Idem.
Pl. 107. L'Ordre. Idem.
Pl. 108. Le Mariage. Idem.
Pl. 109. Le Baptême.* De la suite des Sept Sacrements, peints à Rome pour le chevalier del Pozzo.
Pl. 110. La Confirmation. *
Pl. 111. L'Eucharistie.*
Pl. 112. La Pénitence.*
Pl. 113. L'Extrême Onction. *
Pl. 114. L'Ordre. *
Pl. 115. Le Mariage. *
Pl. 116. L'Assomption de la Vierge.
Pl. 117. Saint Pierre guérit un boiteux a la porte du temple.
Pl. 118. Mort de Saphire.
Pl. 119. Ravissement de saint Paul.
Pl. 120. Ravissement de saint Paul. *

FIN DE LA TABLE DES PLANCHES DU TOME PREMIER.

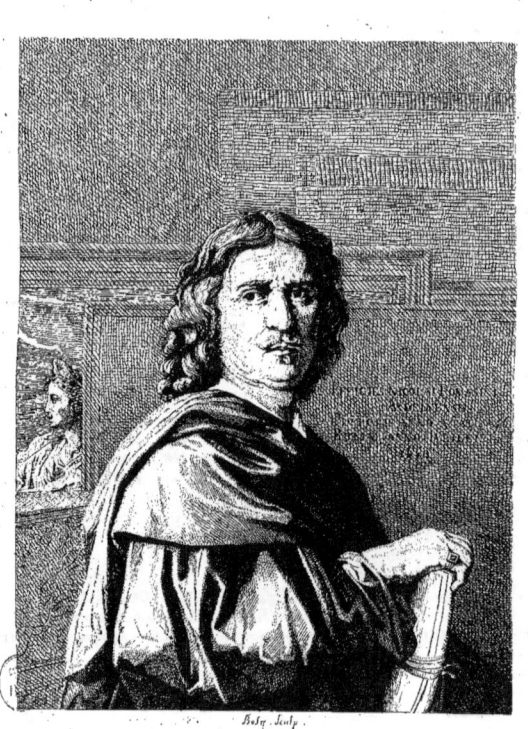

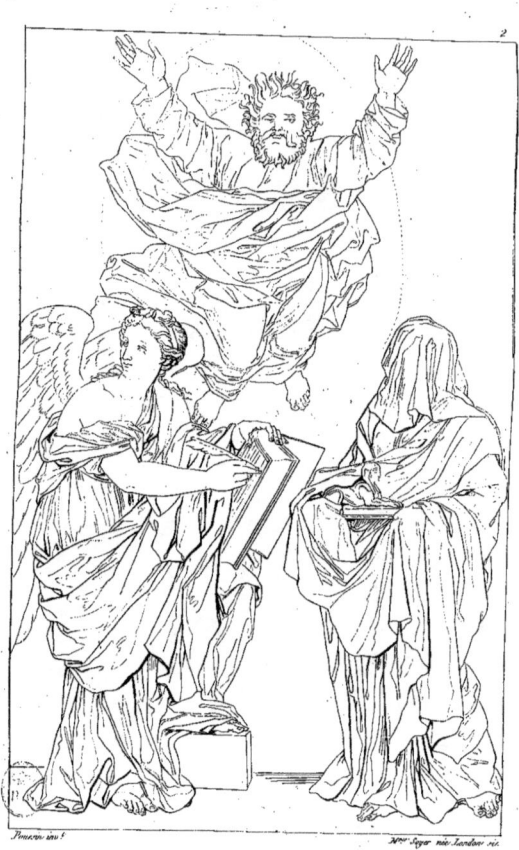

Frontispice pour la Bible.

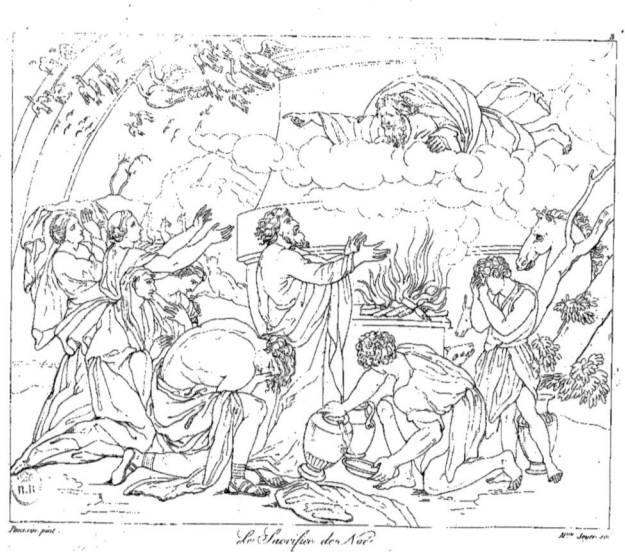

Le Sacrifice de Noé

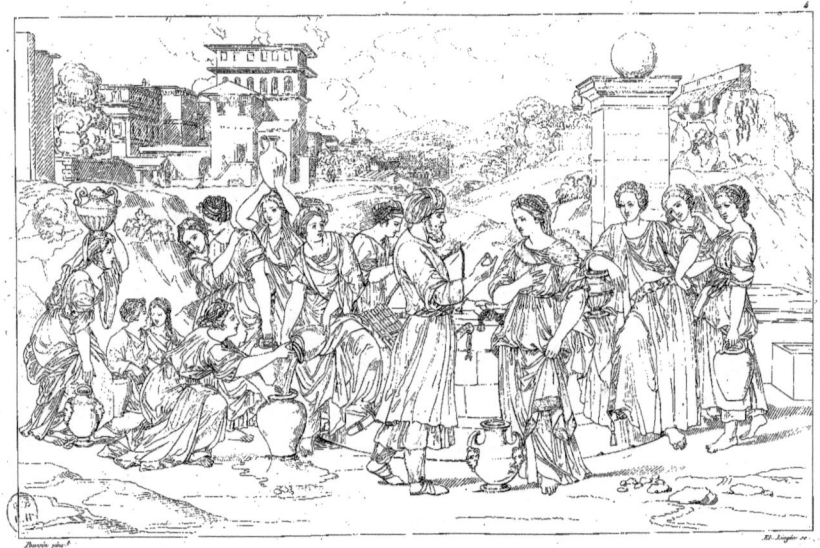

Rebecca & Eliezer.

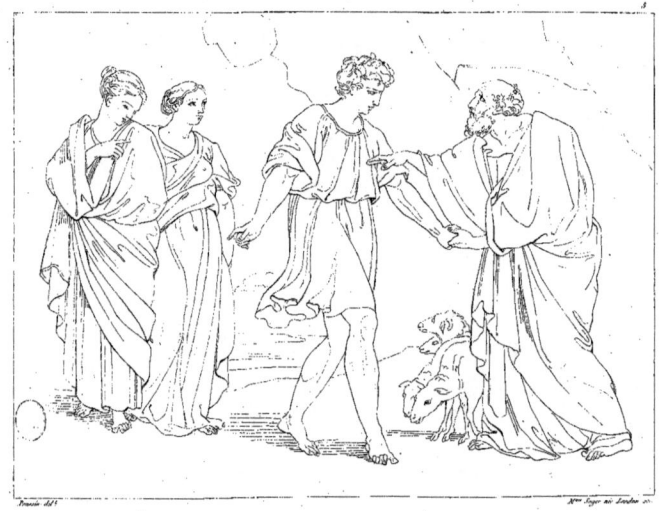

Jacob demande à Laban sa fille Rachel.

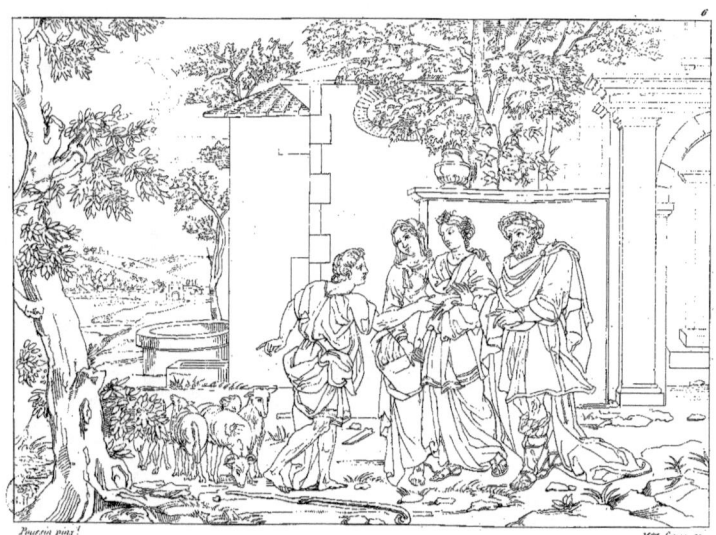

Jacob demande à Laban sa fille Rachel.

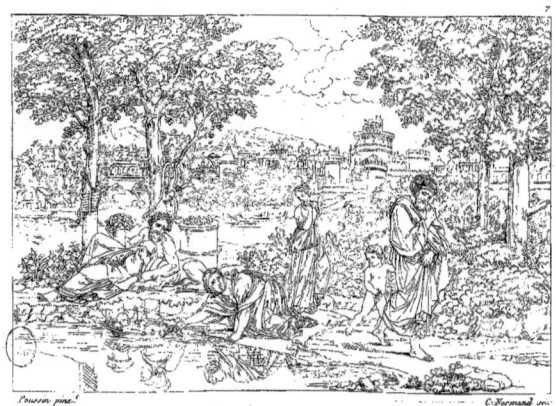

Moyse exposé sur les eaux.

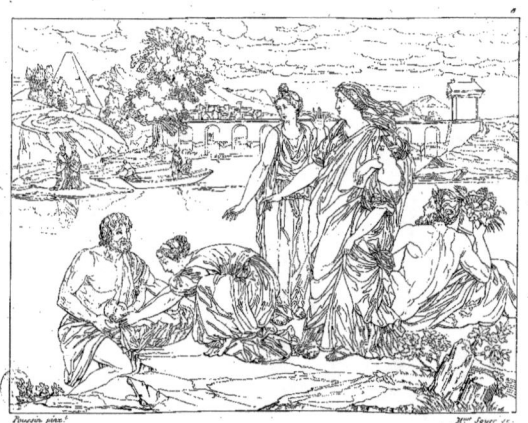

Moyse sauvé des eaux.

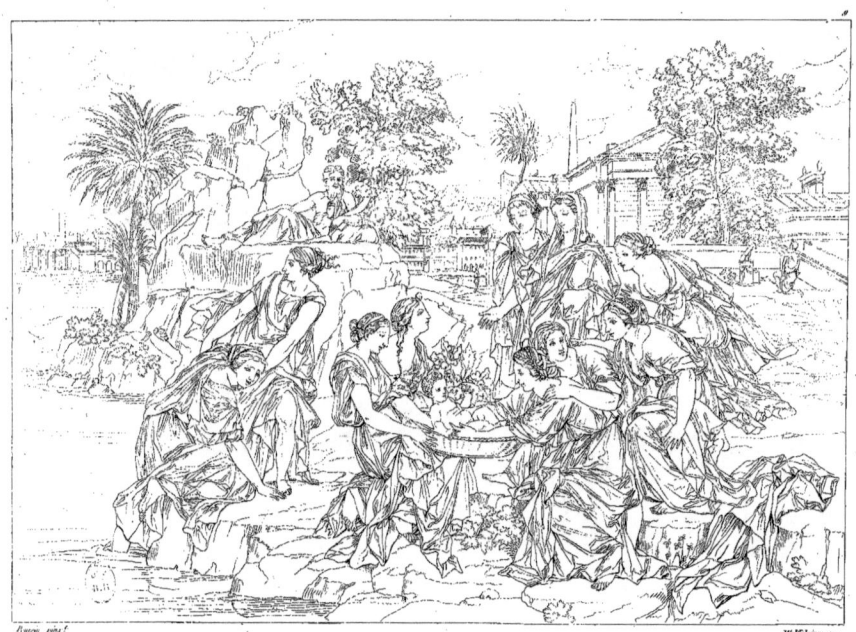

Moyse sauvé des eaux.

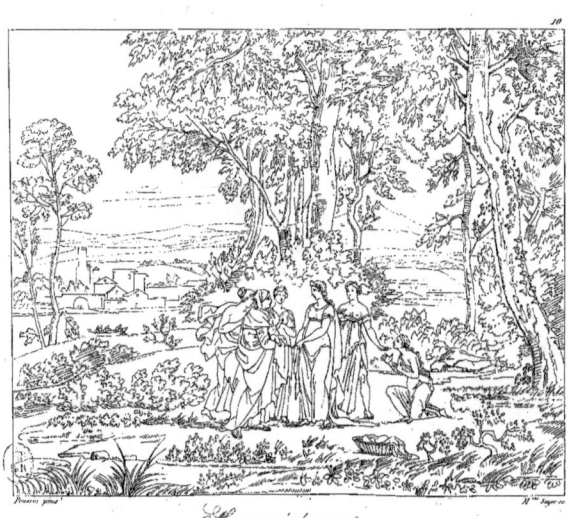

Moyse sauvé des eaux.

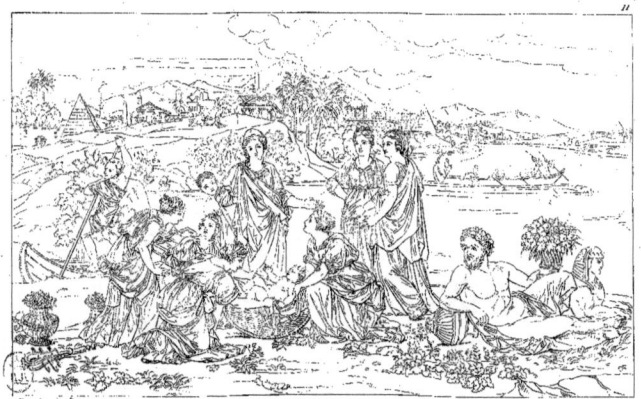

Moyse sauvé des eaux.

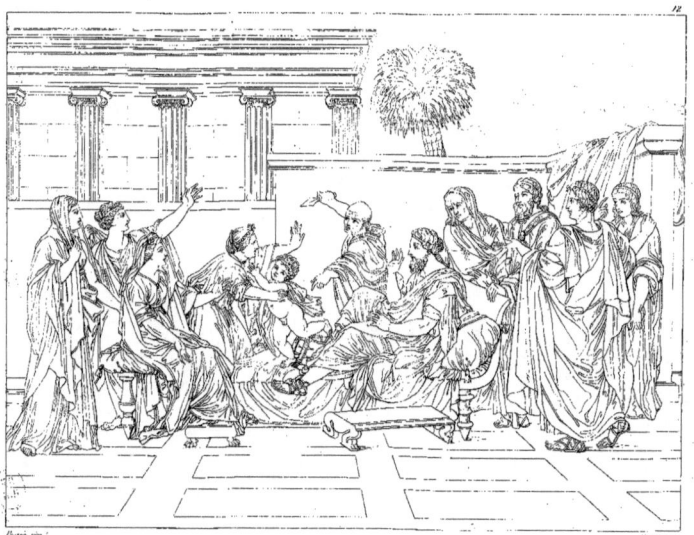

Moyse foulant aux pieds la Couronne de Pharaon.

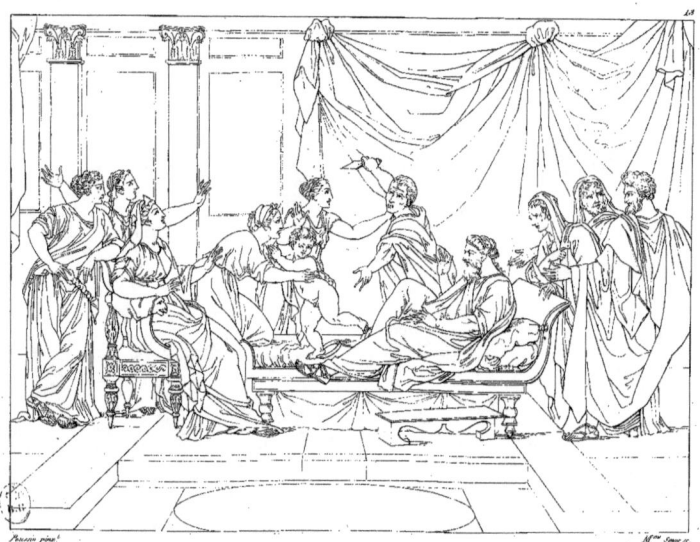

Moyse foulant aux pieds la Couronne de Pharaon.

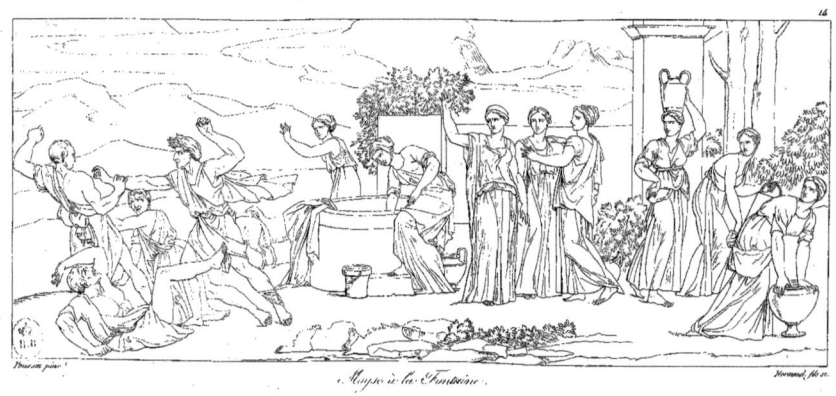

Moyse à la Fontaine.

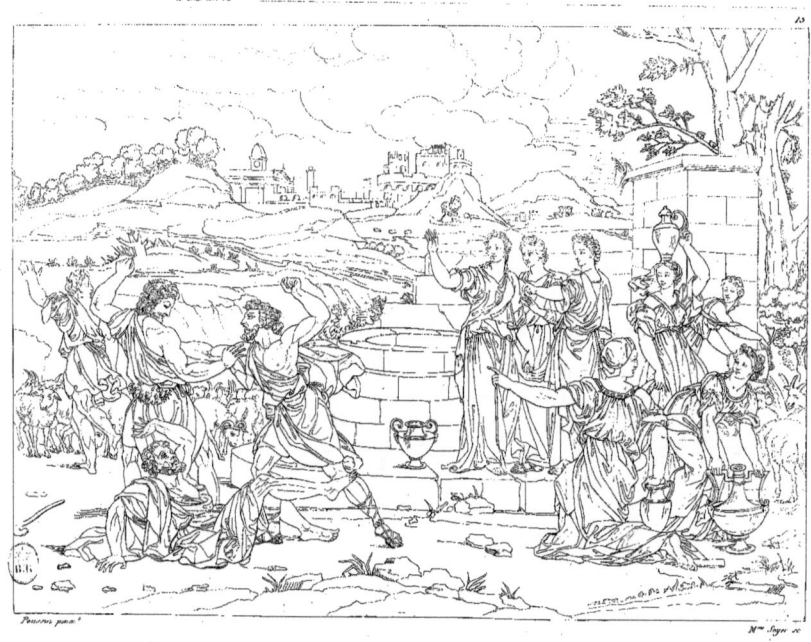

Moyse a la Fontaine.

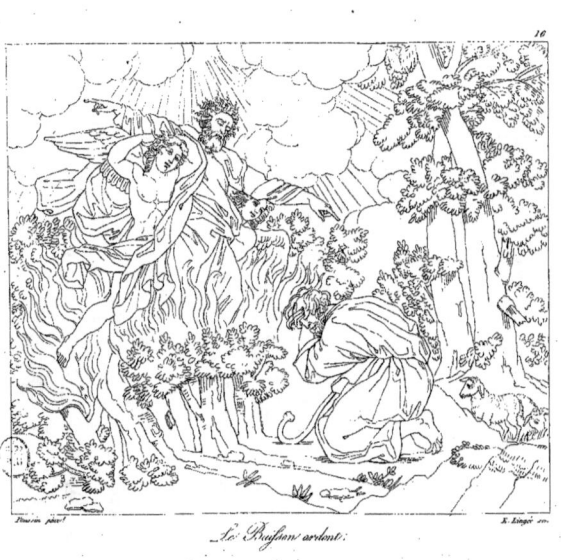

Le Buisson ardent.

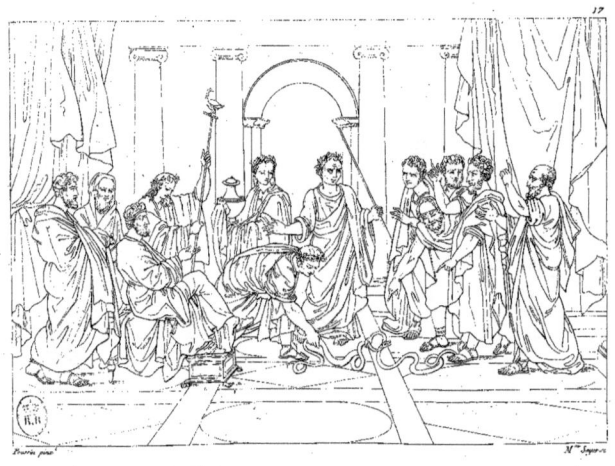

Moyse change en Serpent la Verge d'Aaron.

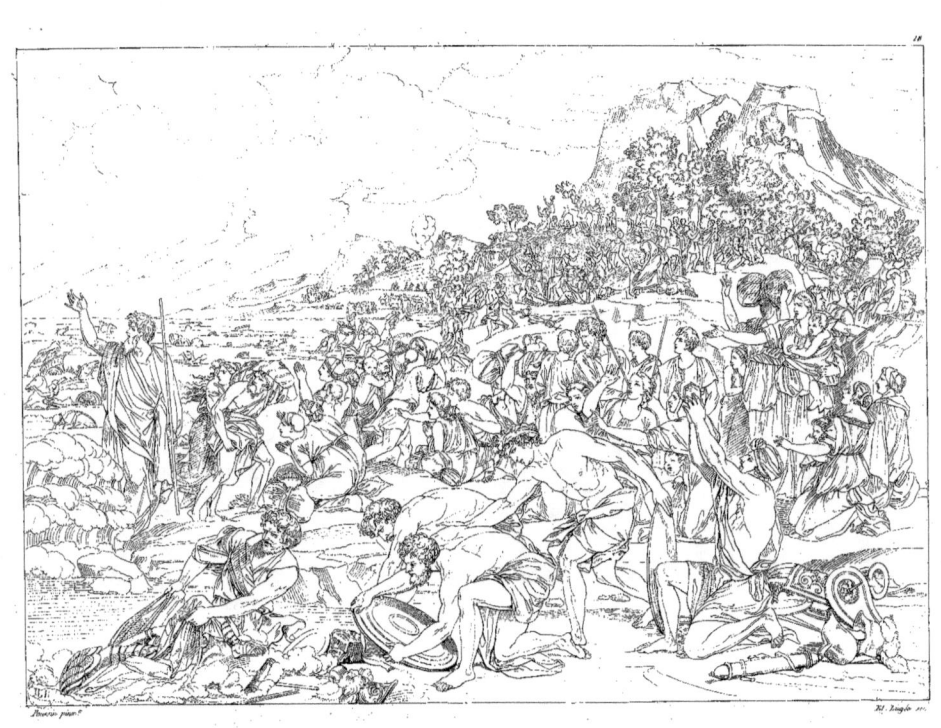

Le Passage de la Mer Rouge.

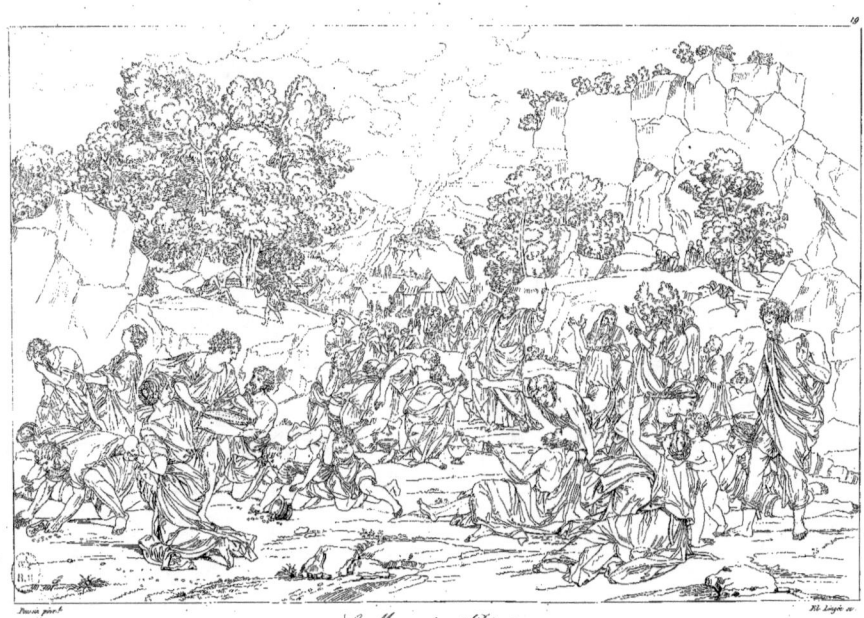

La Manne dans le Désert

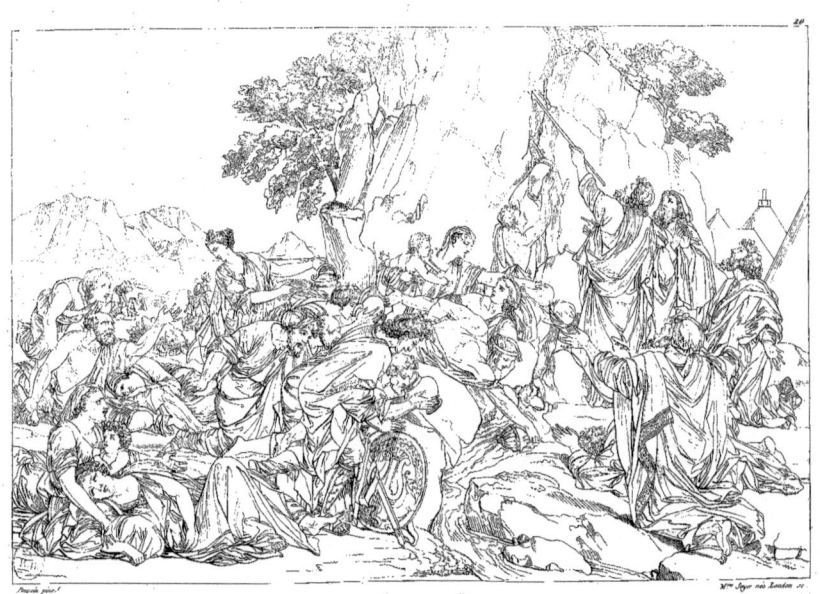

Le Frappement du Rocher.

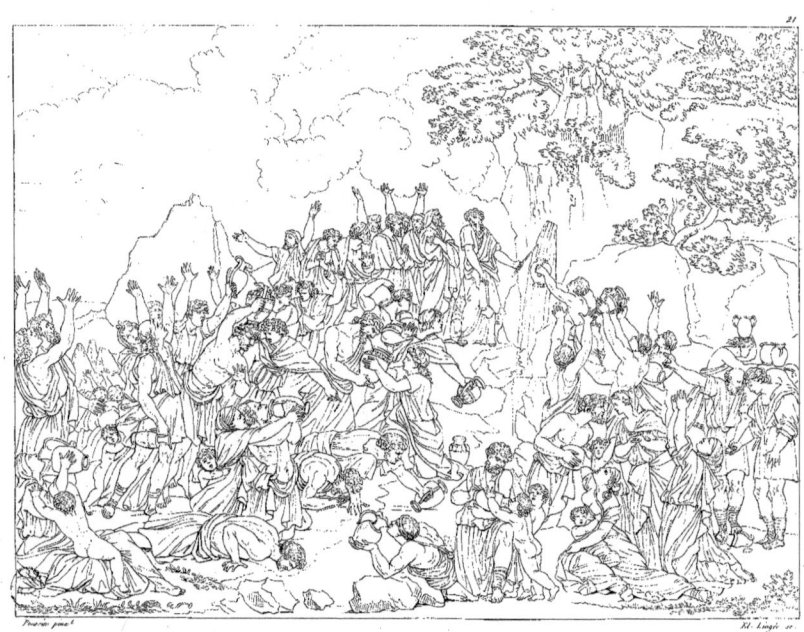

Le frappement du rocher.

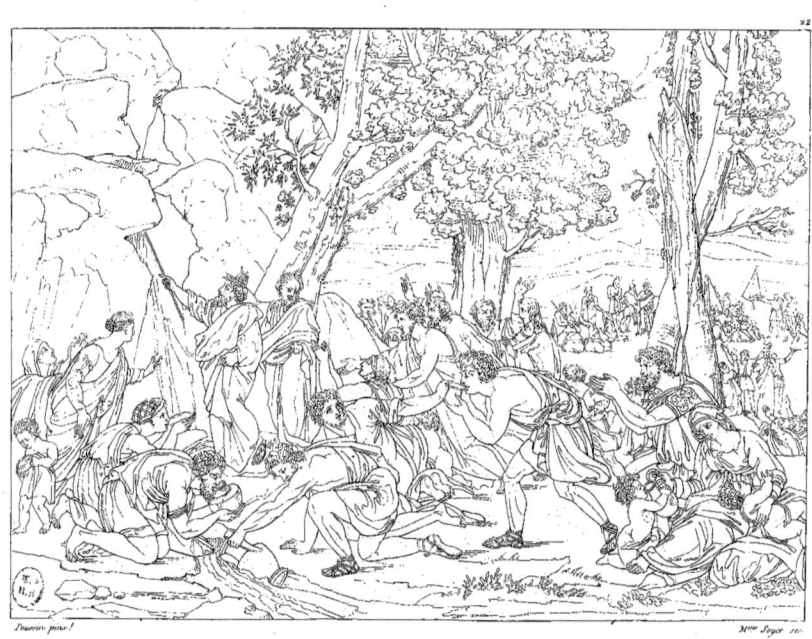

Le Frappement du Rocher.

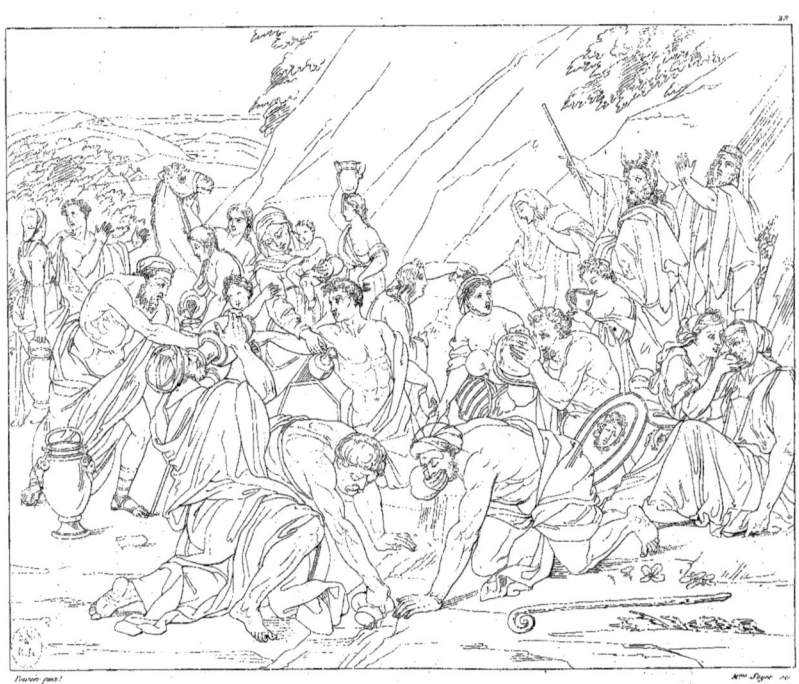

Le frappement du Rocher.

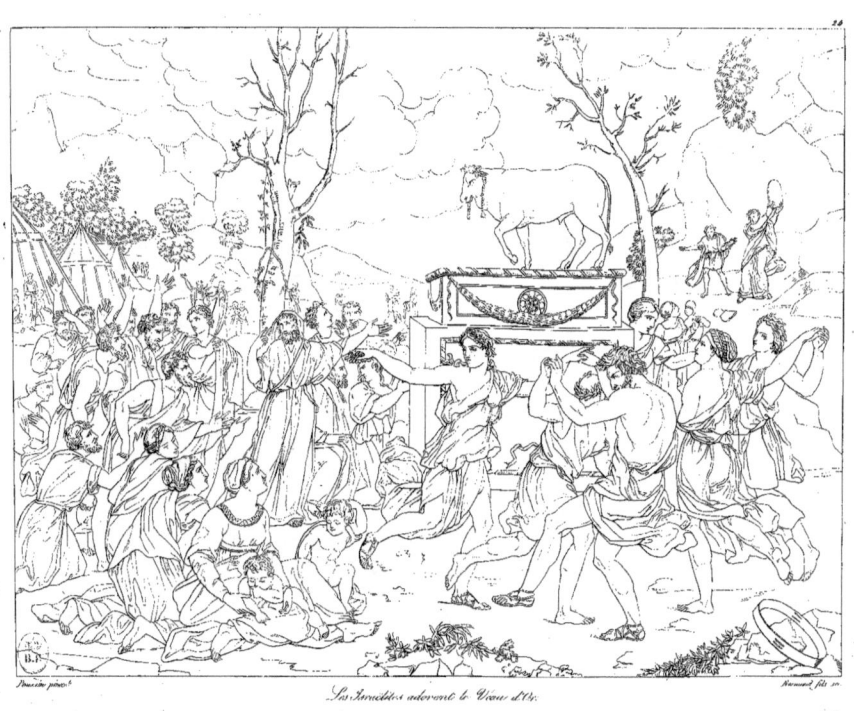

Les Israélites adorant le Veau d'Or.

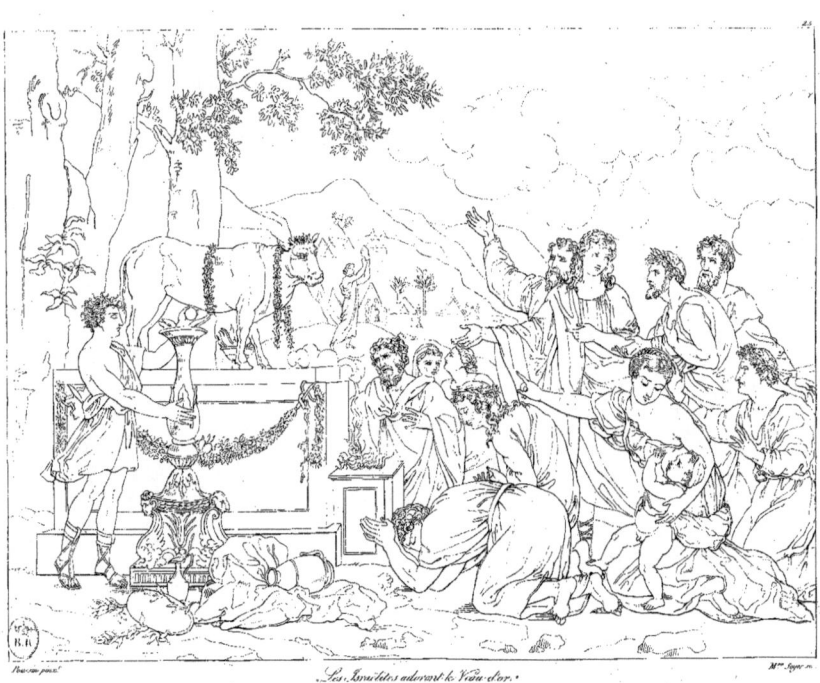

Les Israélites adorant le Veau d'or.

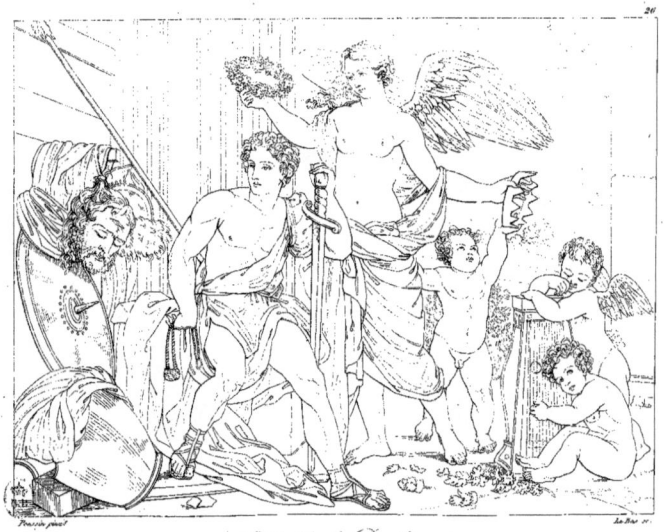

Le triomphe de David.

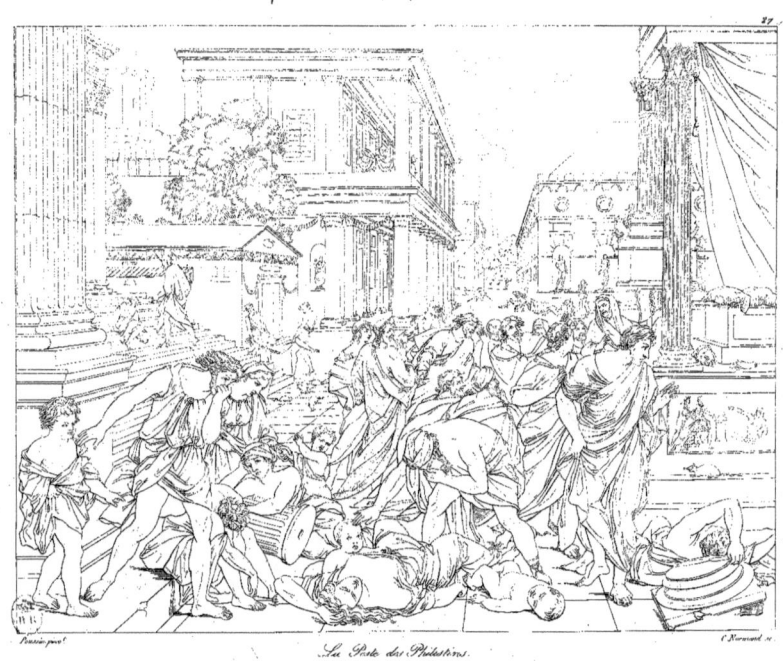
La Peste des Philistins.

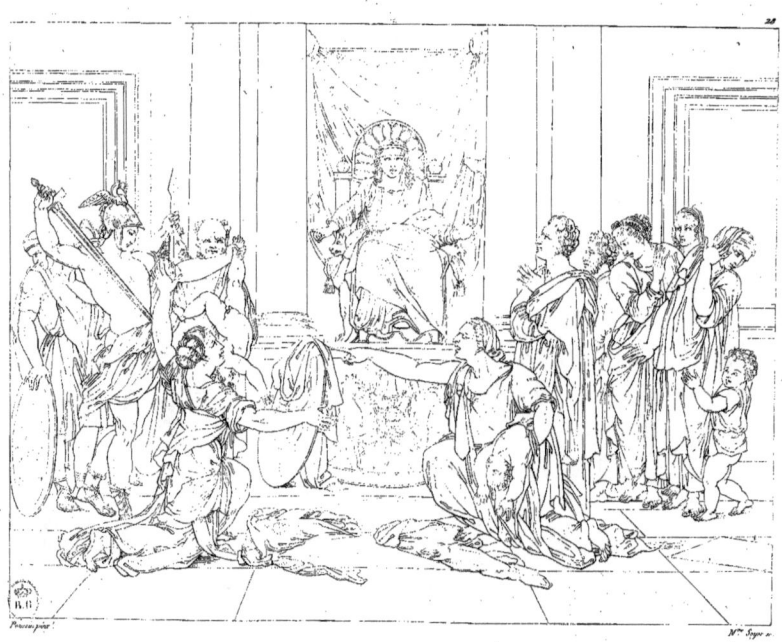

Le Jugement de Salomon.

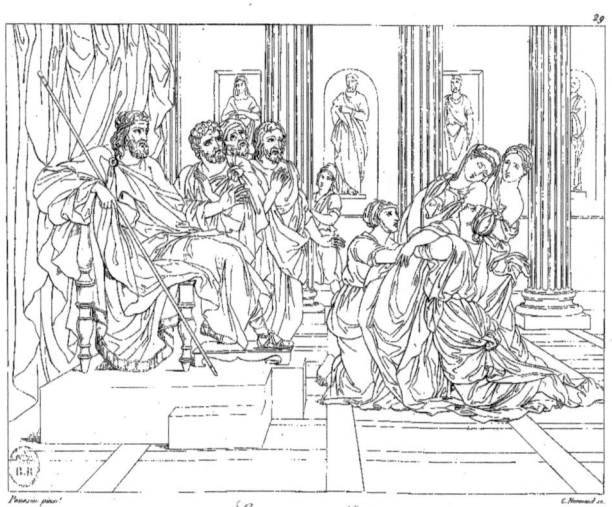

Esther devant Assuérus.

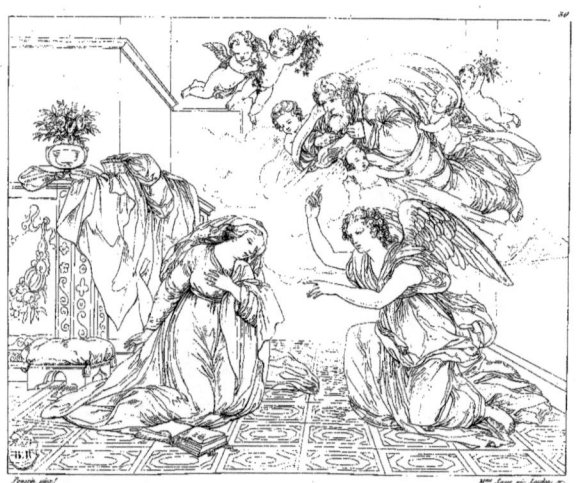

L'Annonciation.

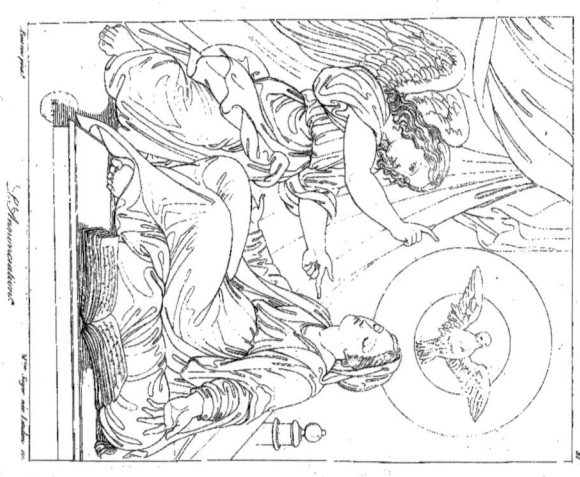

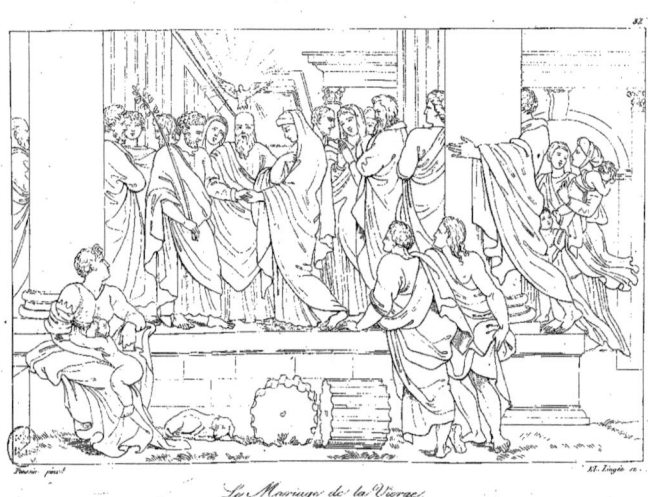

Le Mariage de la Vierge.

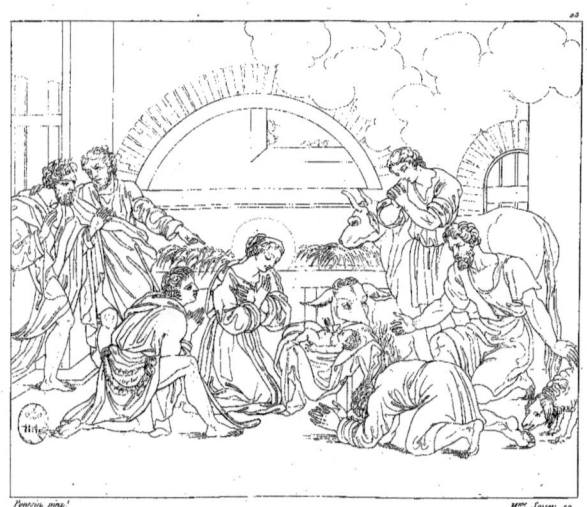

Adoration des Bergers.

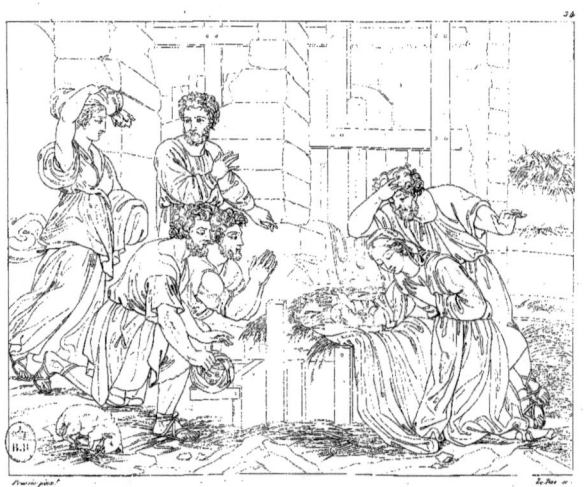

La Crèche.

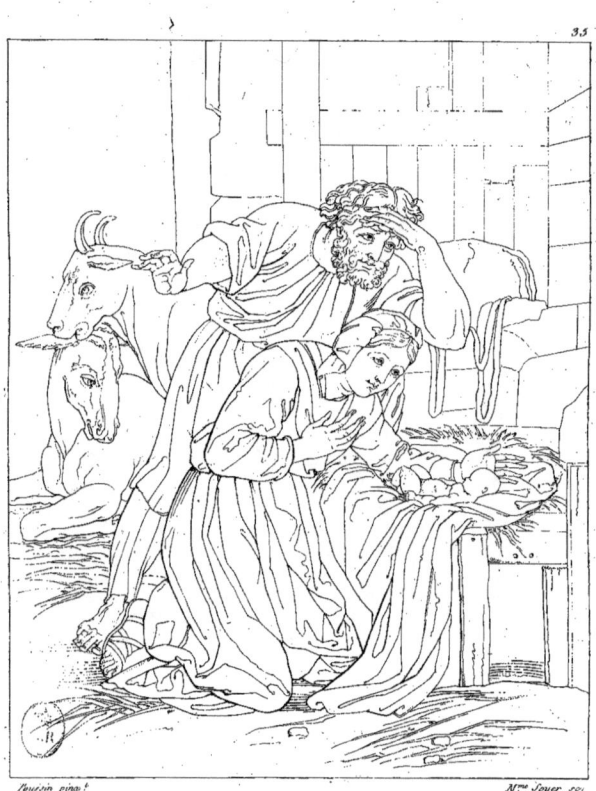

La Crèche.

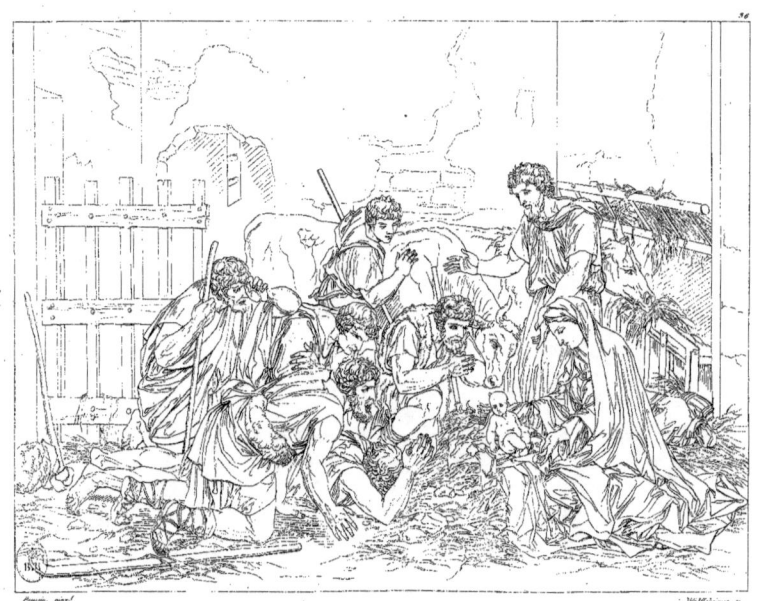

La Crèche.

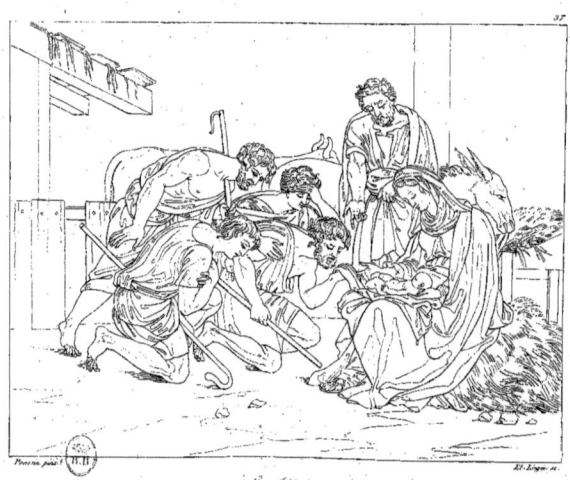

La Crèche

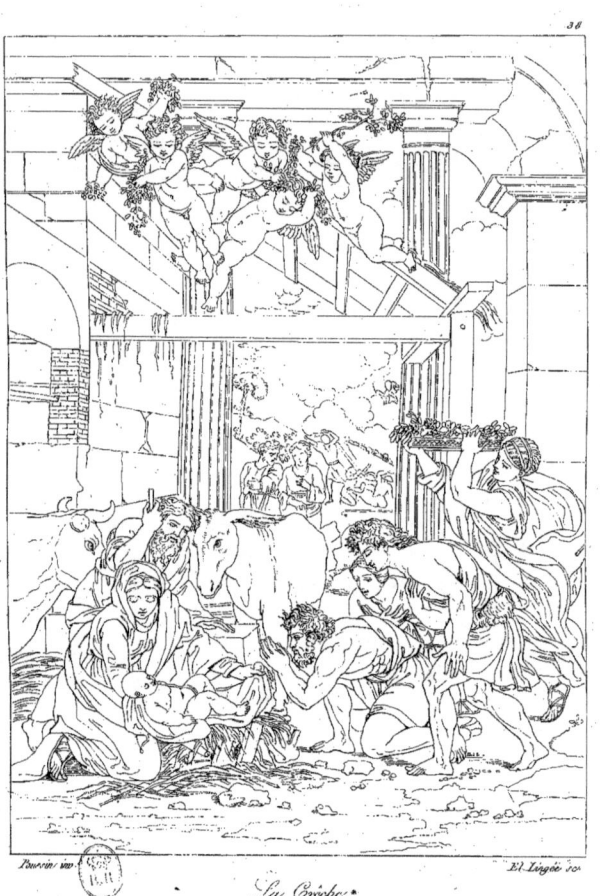

La Crèche.

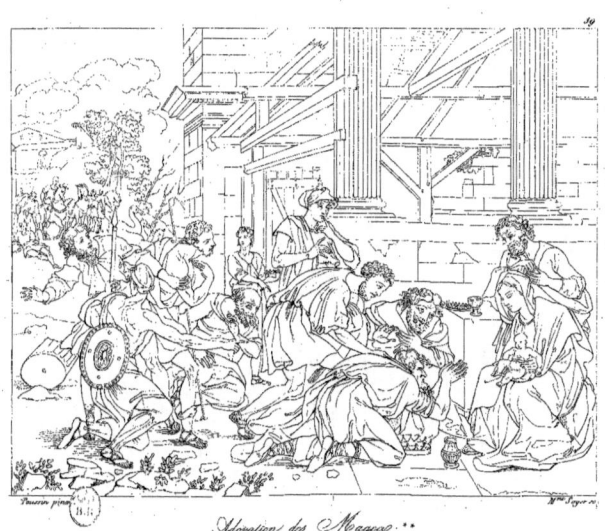

Adoration des Mages.

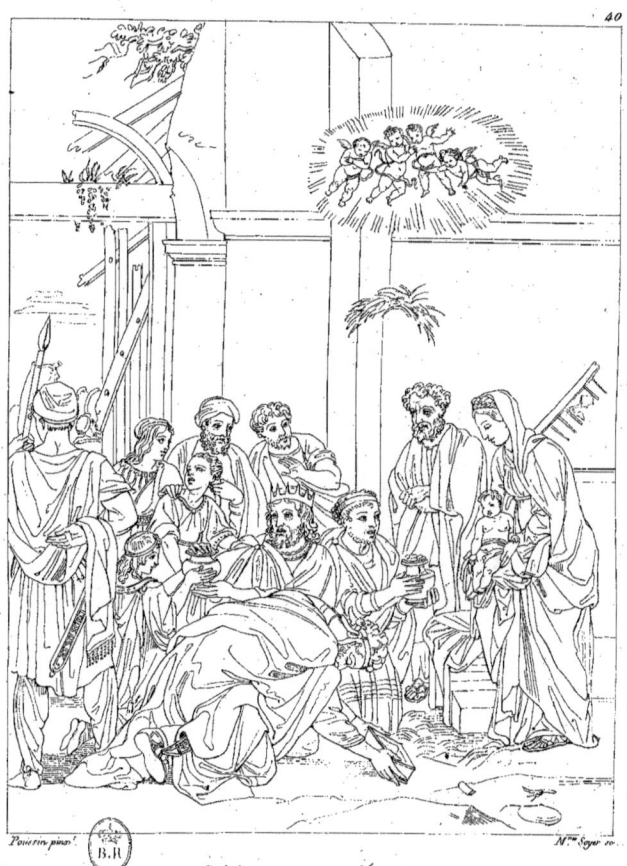

Adoration des Mages.

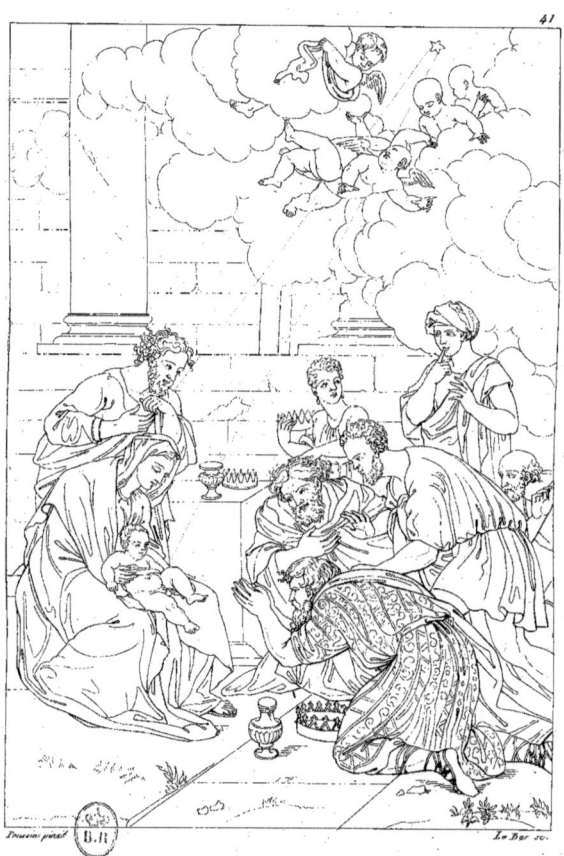

Adoration des Mages.

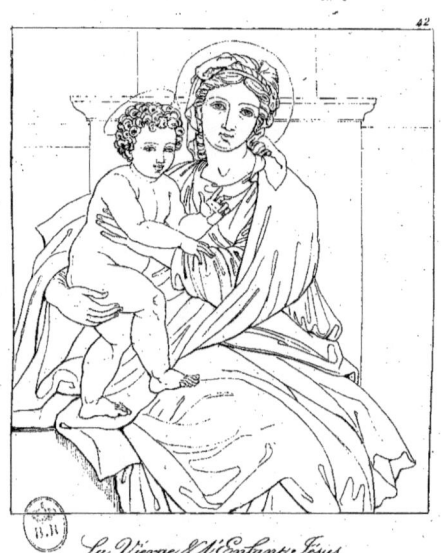

La Vierge & l'Enfant Jésus.

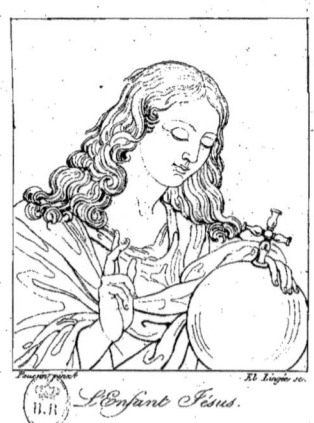

L'Enfant Jésus.

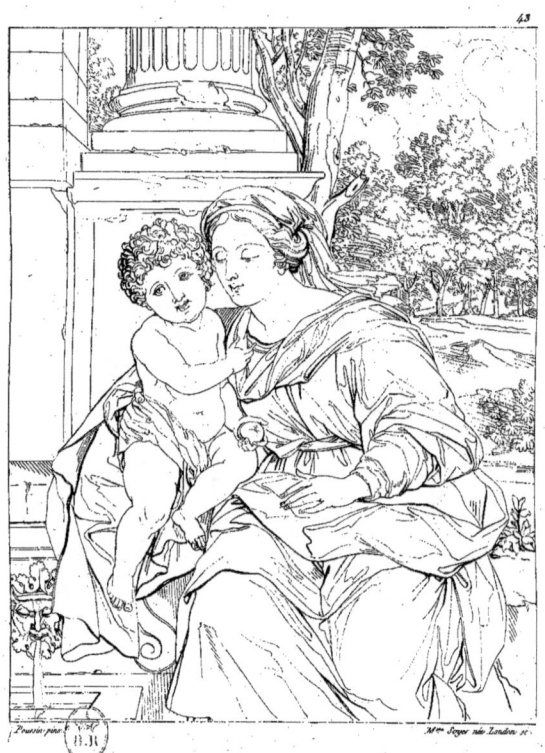

La Vierge & l'Enfant Jésus.

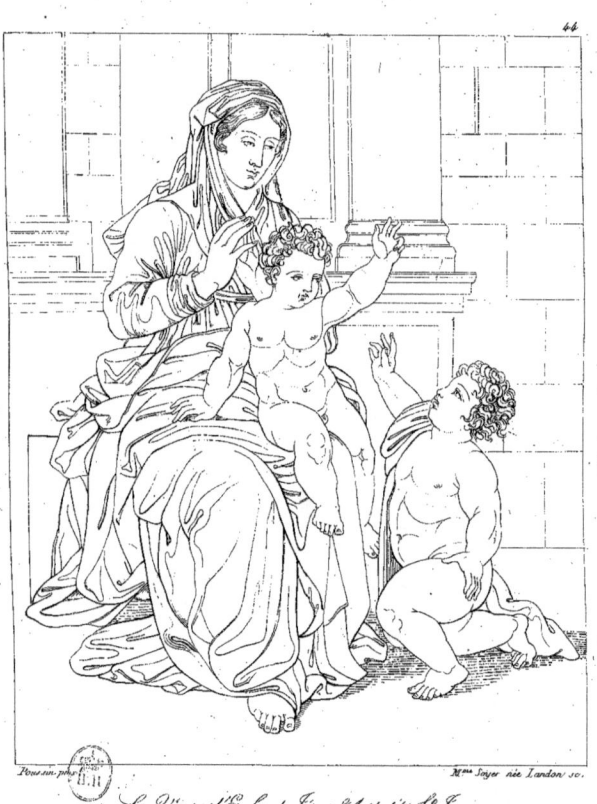

La Vierge, l'Enfant Jésus & le petit St Jean.

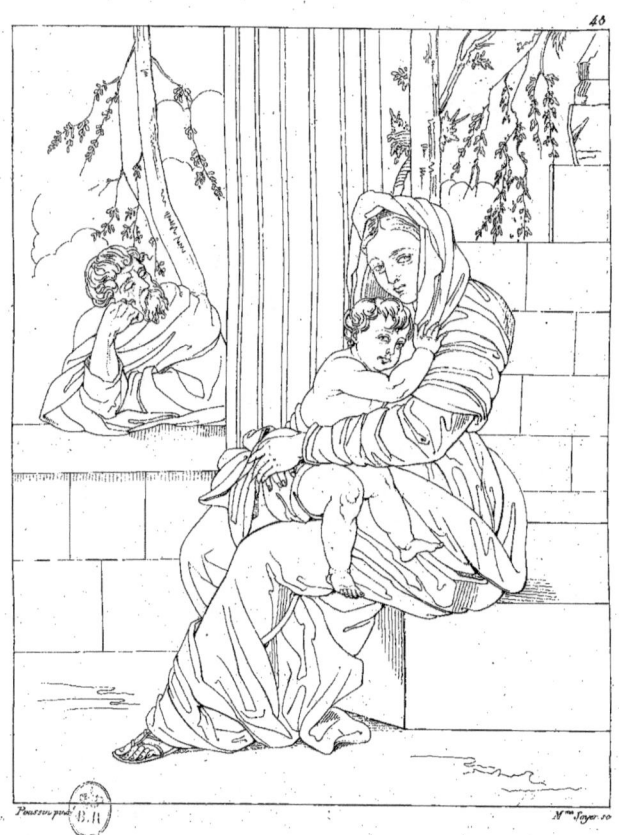

La Vierge l'Enfant Jésus et St Joseph.

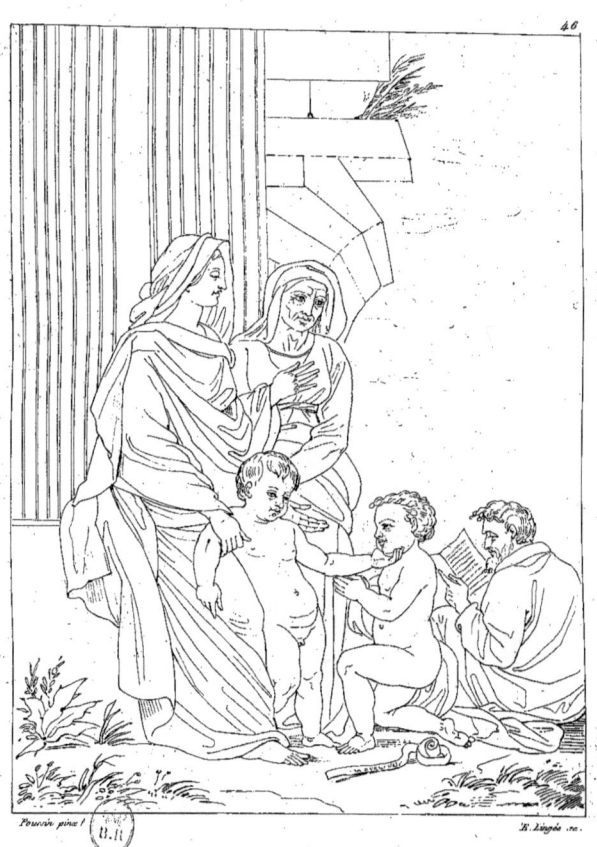

La S.te Famille.

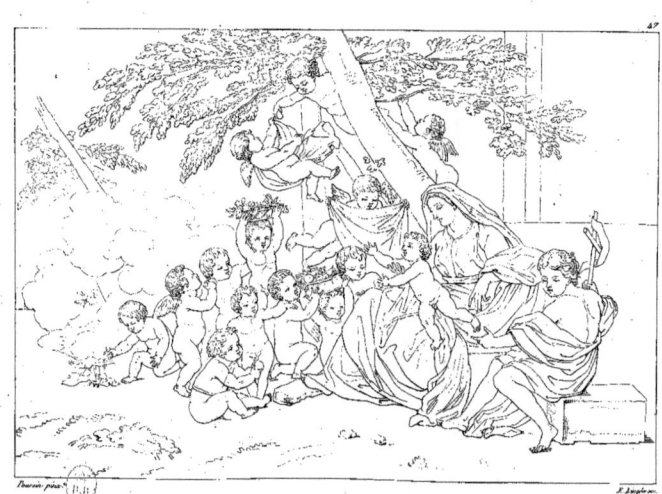

La Vierge l'Enfant Jesus et St Jean servis par les Anges.

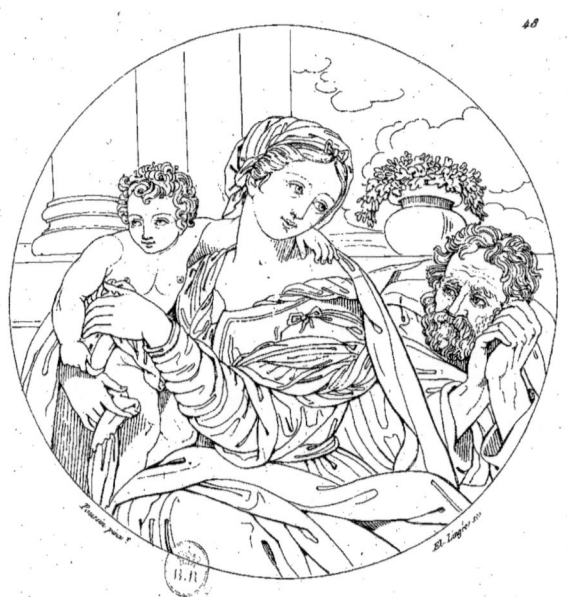

La Vierge, l'Enfant Jésus & St. Joseph.

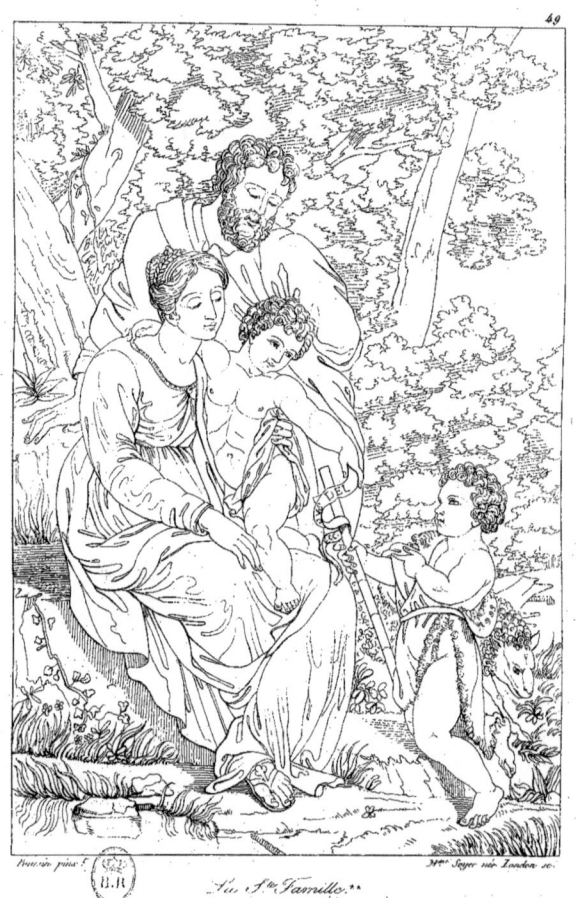

La S.te Famille.

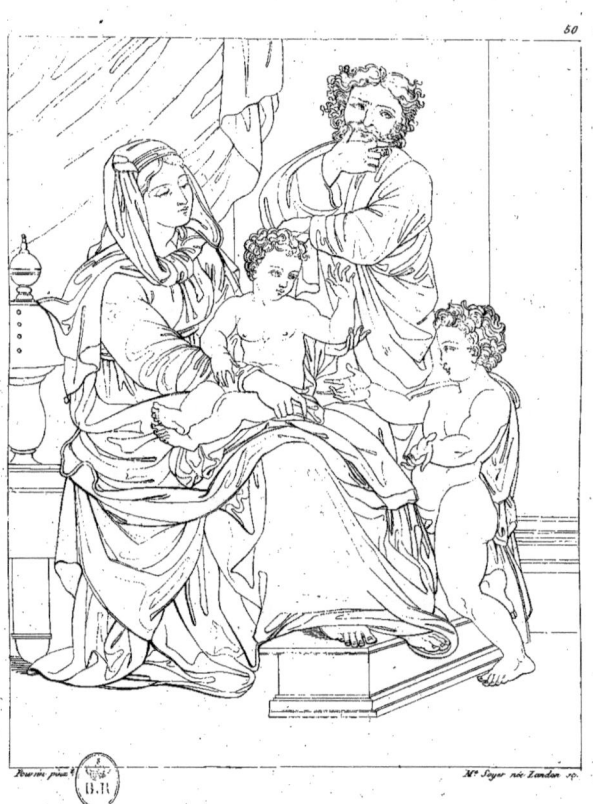

La S.te Famille. (b.)

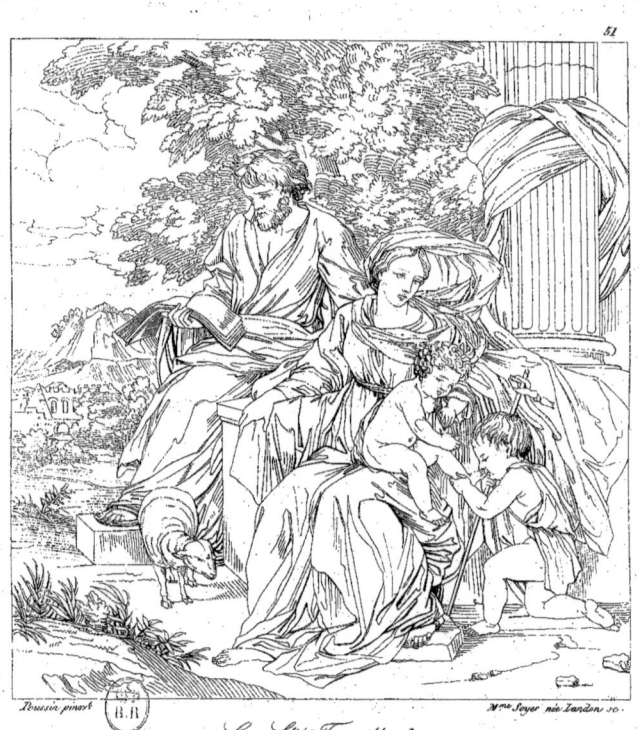

La Ste Famille.

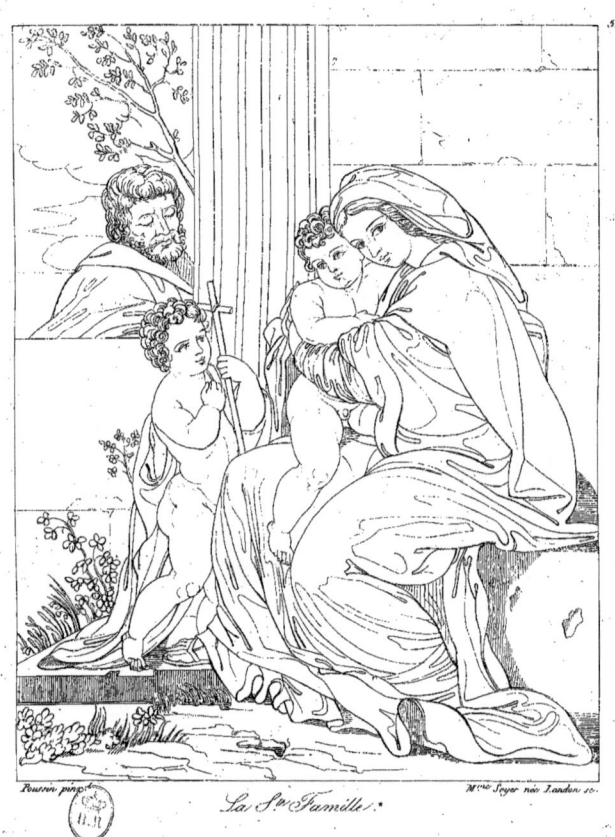

La Ste Famille.

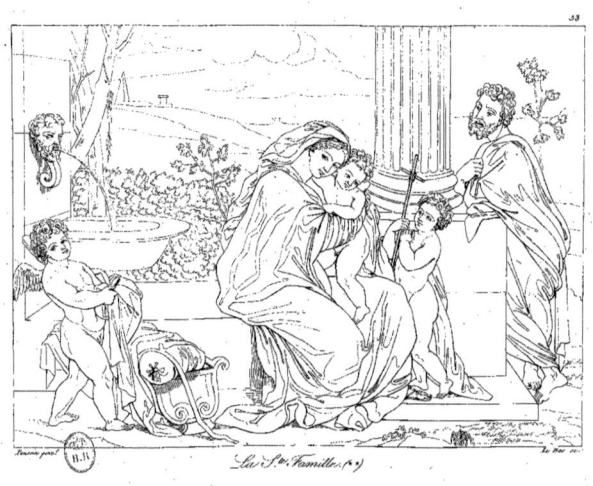

La Ste Famille.

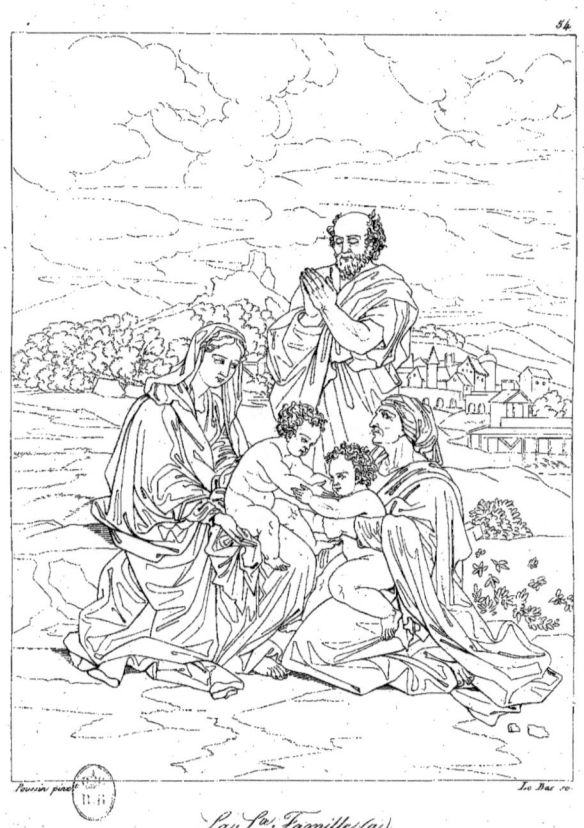

La Ste Famille (a)

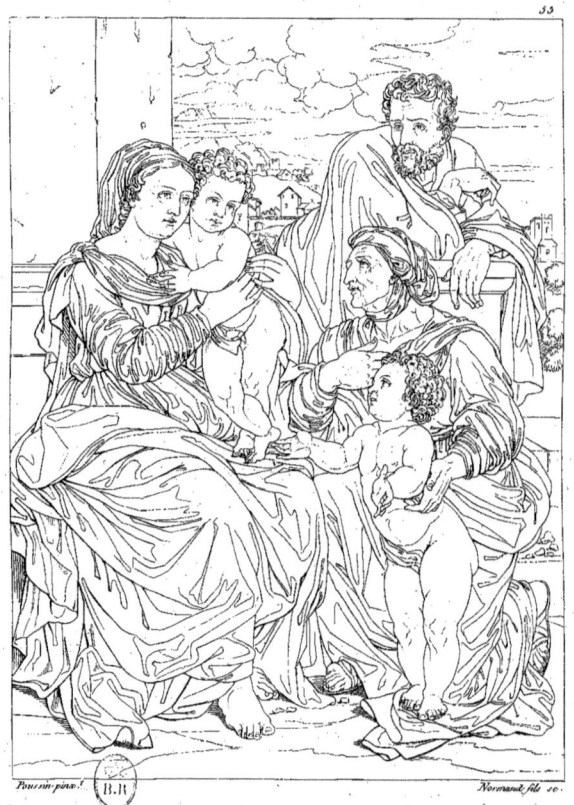

La Ste Famille

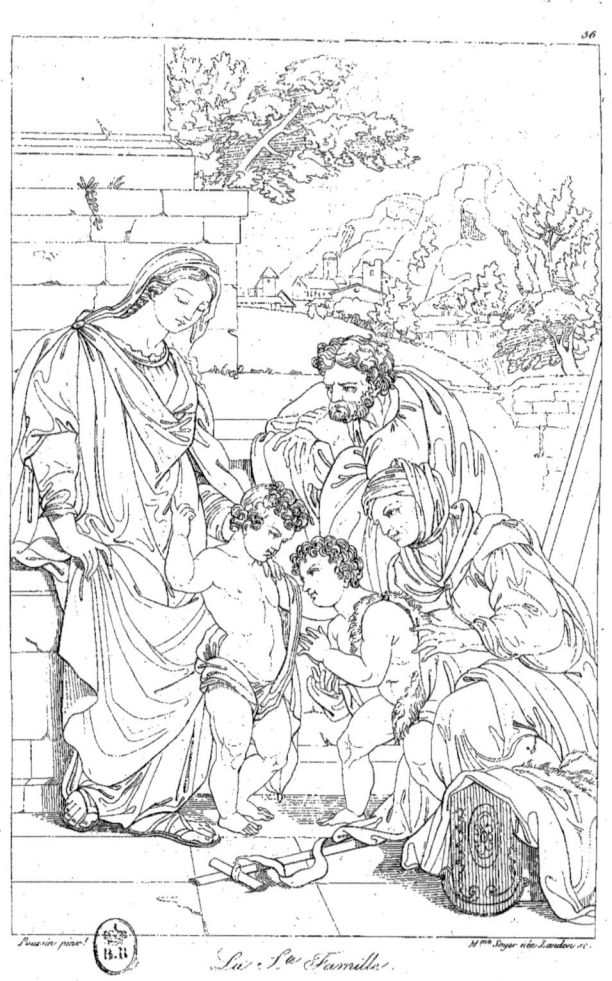

La Ste Famille.

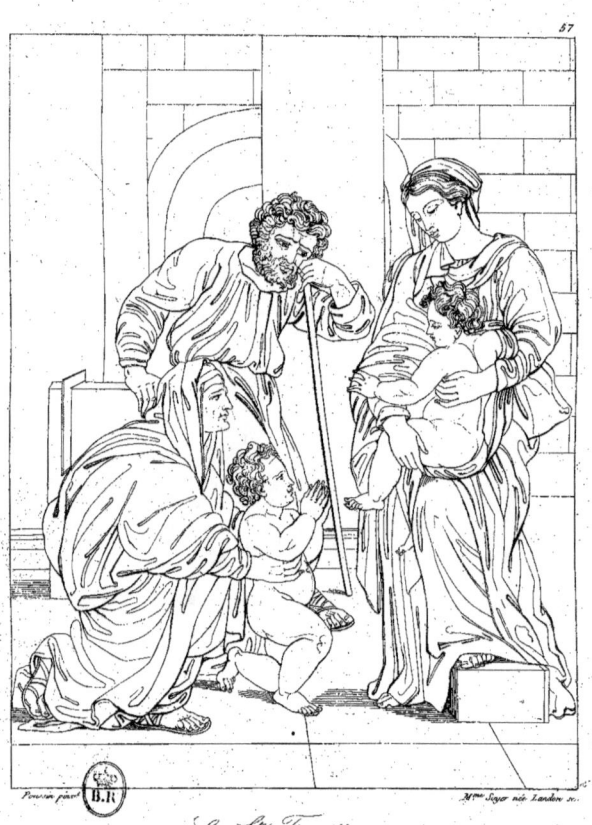

La Ste Famille.

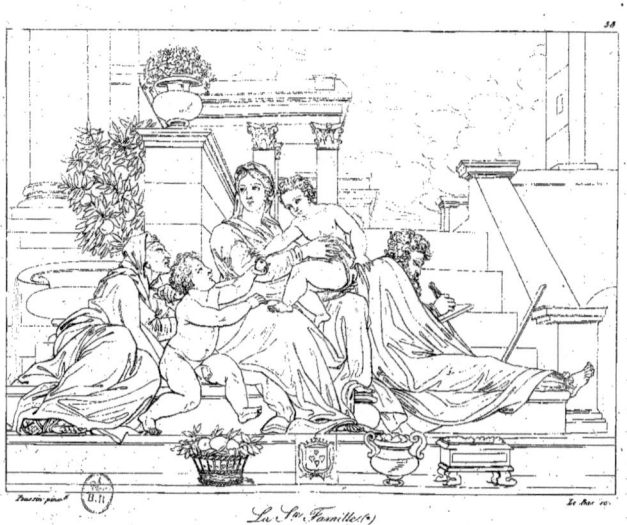

La S^{te}. Famille.

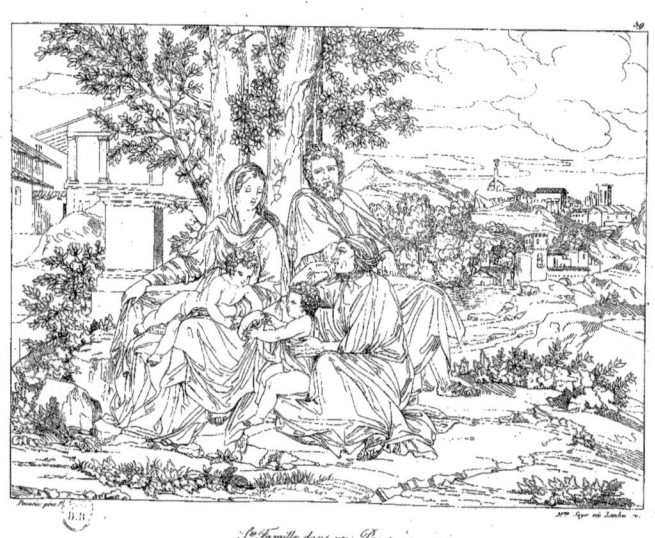

S.te Famille dans un Paysage.

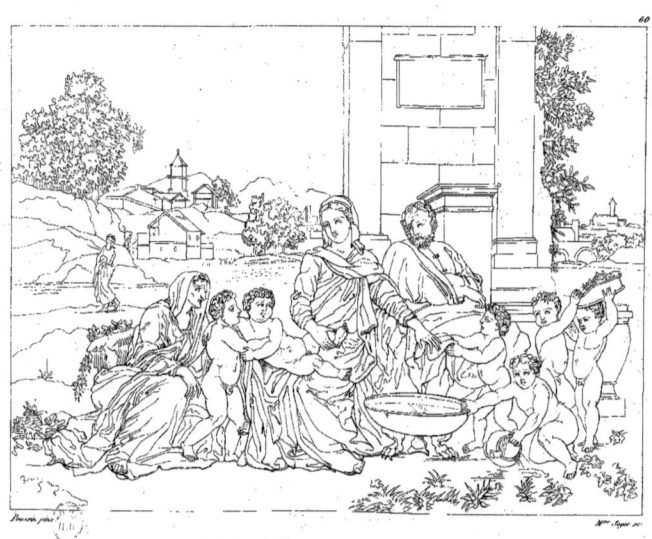

La Ste Famille servie par les Anges.

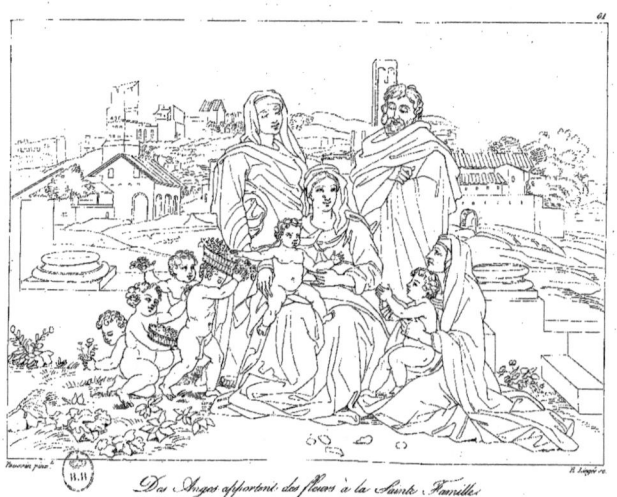

Des Anges apportant des fleurs à la Sainte Famille.

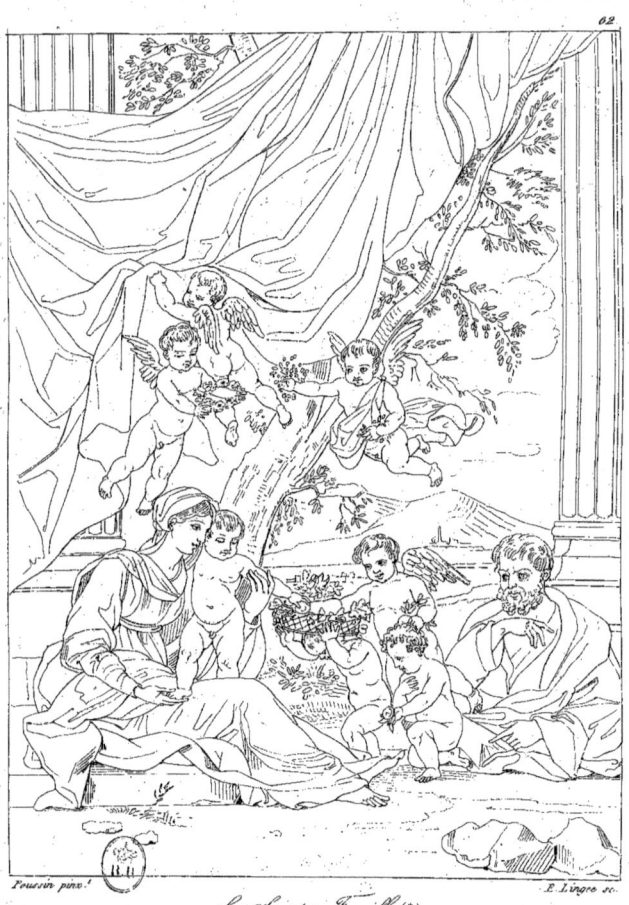

La Sainte Famille

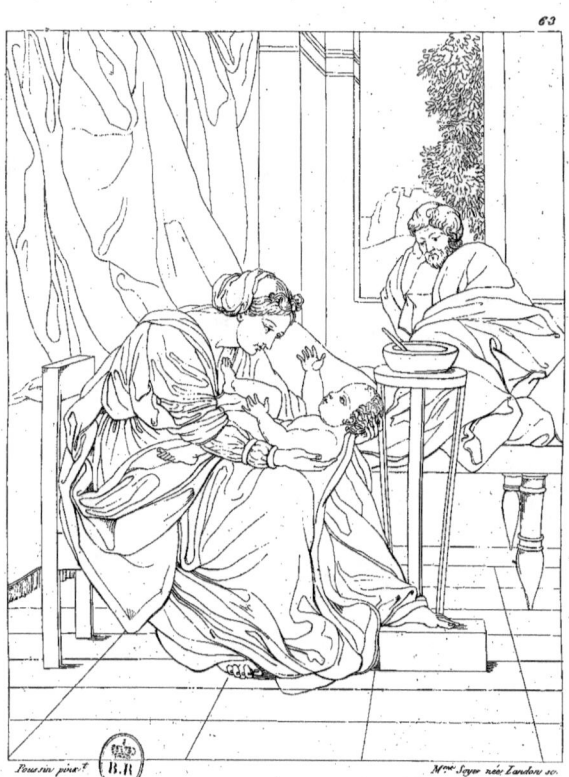

La Vierge, l'Enfant Jésus & St. Joseph.

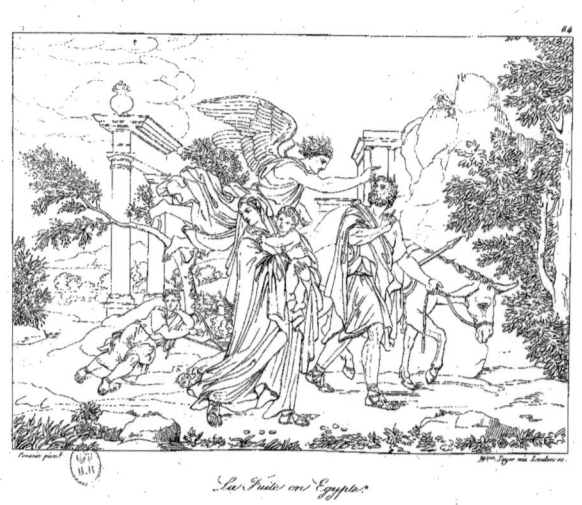

La Fuite en Egypte.

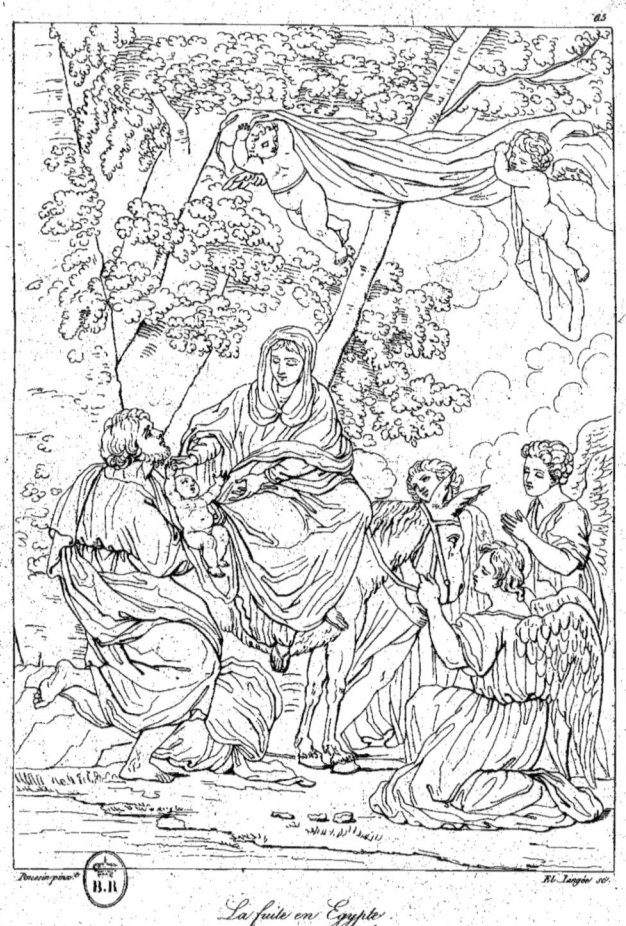

La fuite en Égypte.

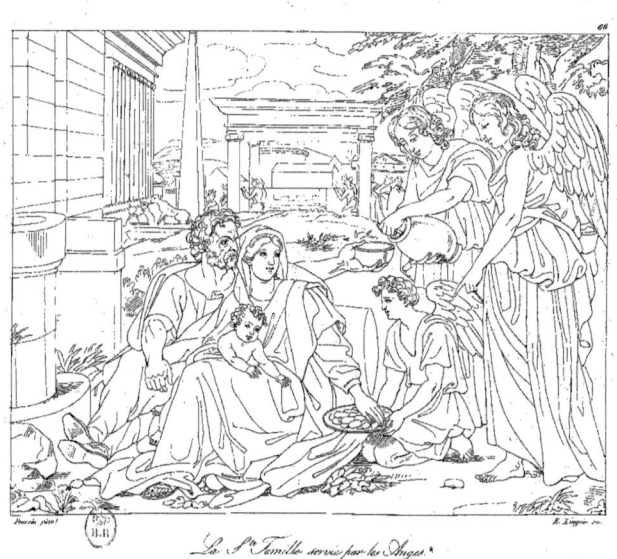

La Ste Famille servie par les Anges.

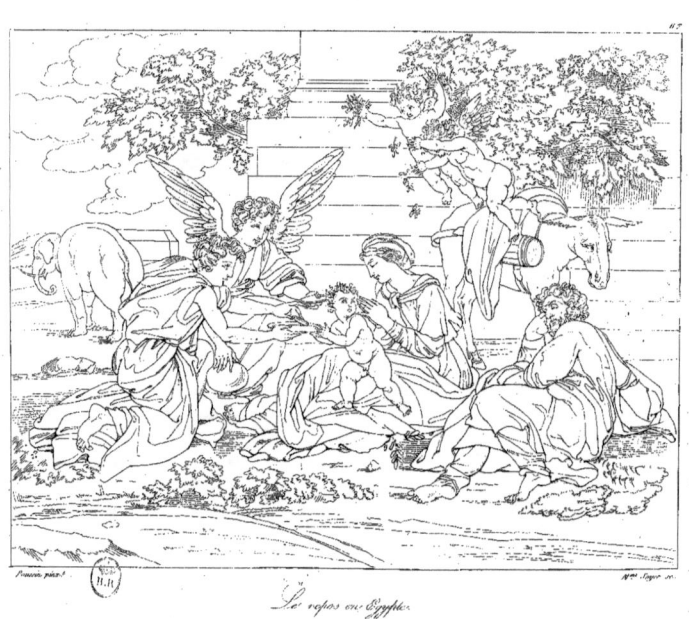

Le repos en Égypte.

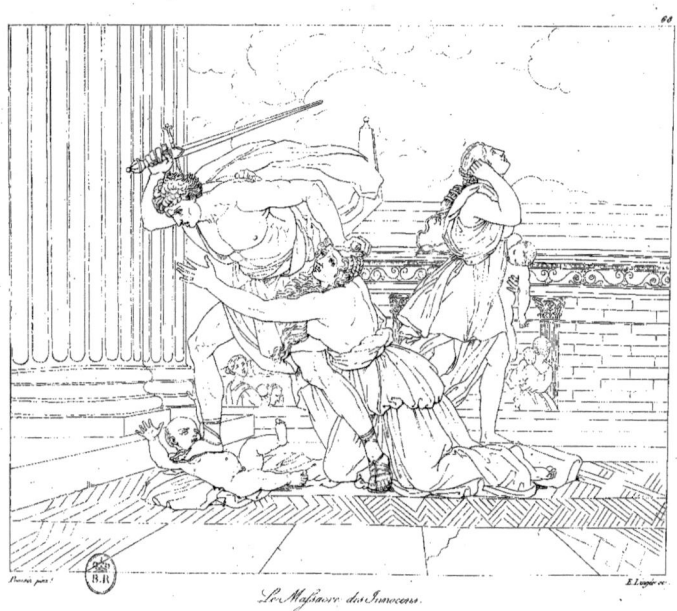

Le Massacre des Innocens.

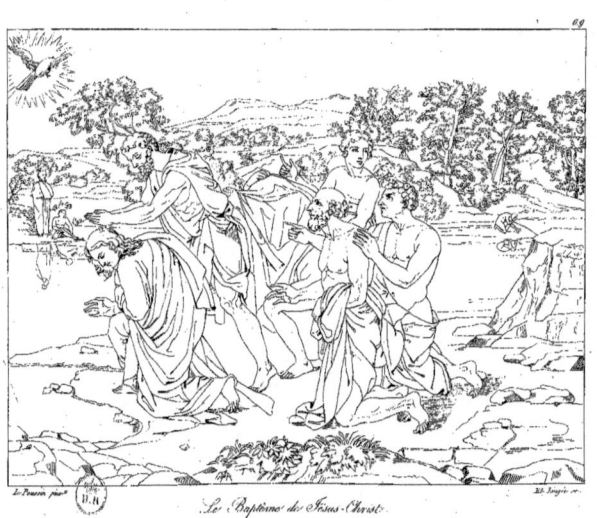

Le Baptême de Jésus-Christ.

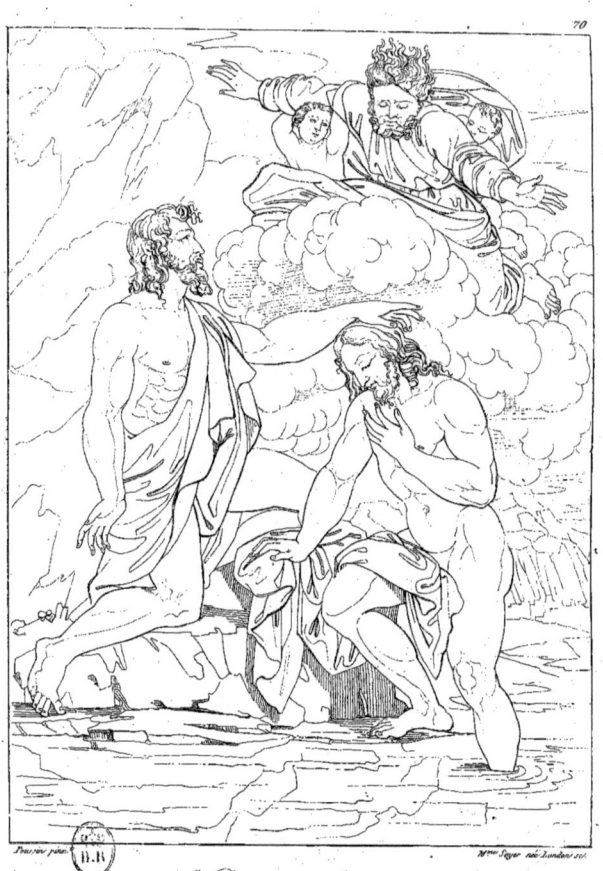

Le Baptême de Jésus Christ.

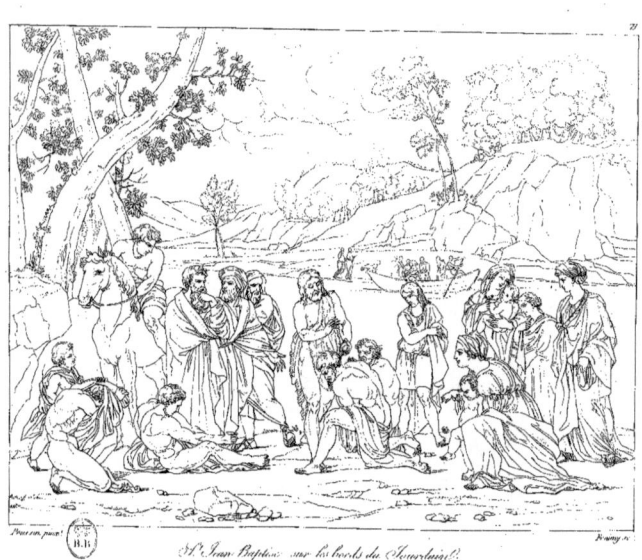

St. Jean Baptiste sur les bords du Jourdain.

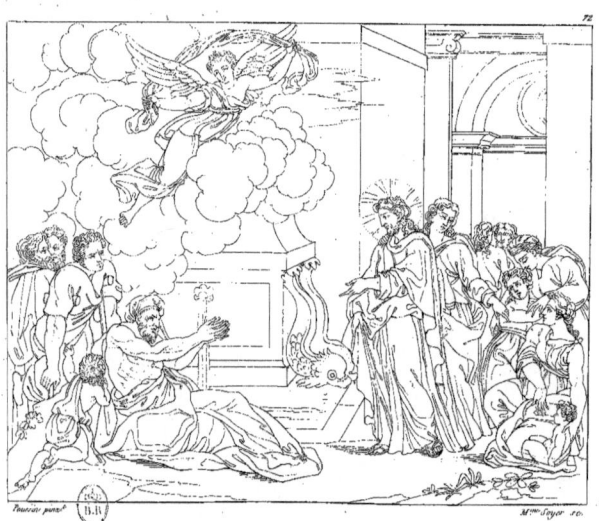

Jesus Christ opere des miracles.

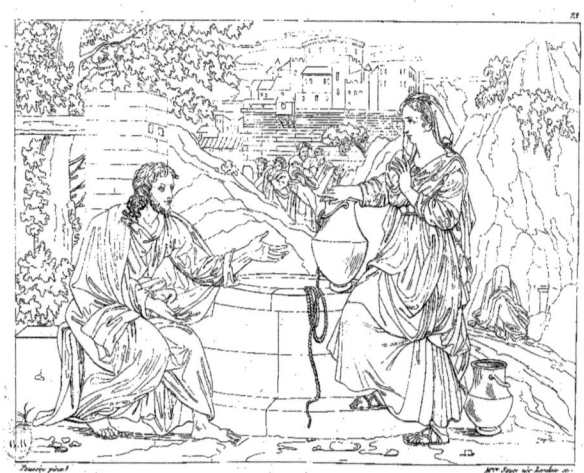

La Samaritaine.

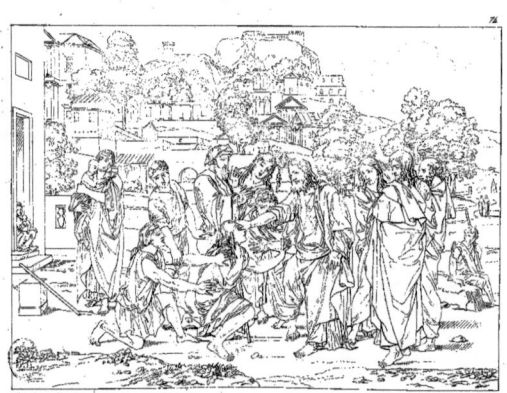

Les Aveugles de Jéricho.

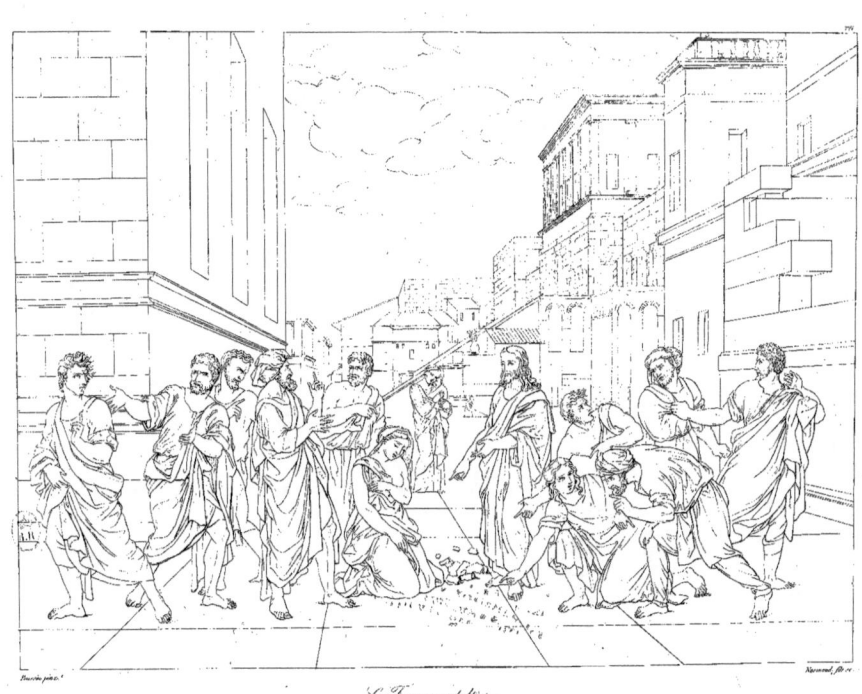

La Femme adultère.

Entrée de Jésus à Jérusalem.

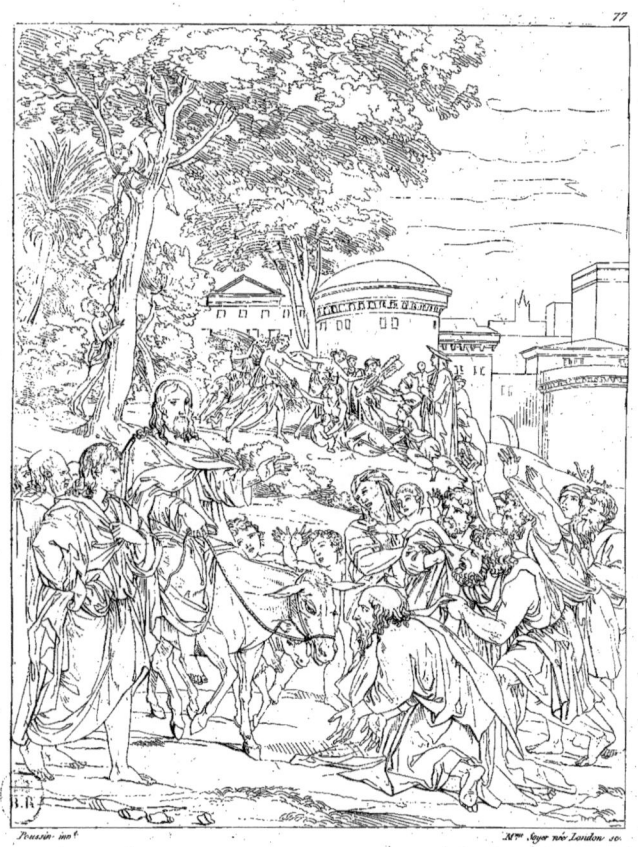

Entrée de Jésus à Jérusalem.

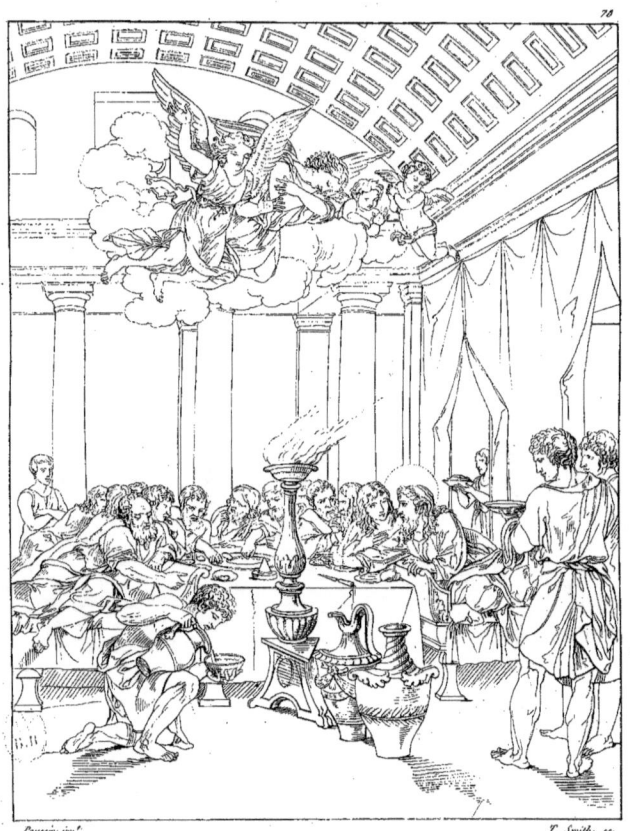

La Cène.

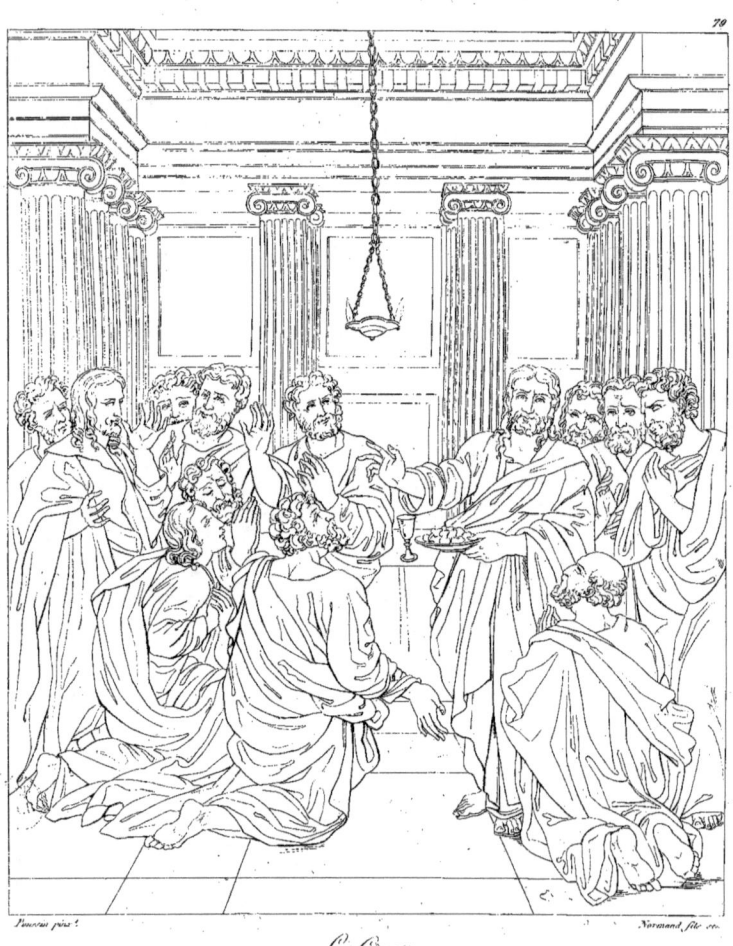

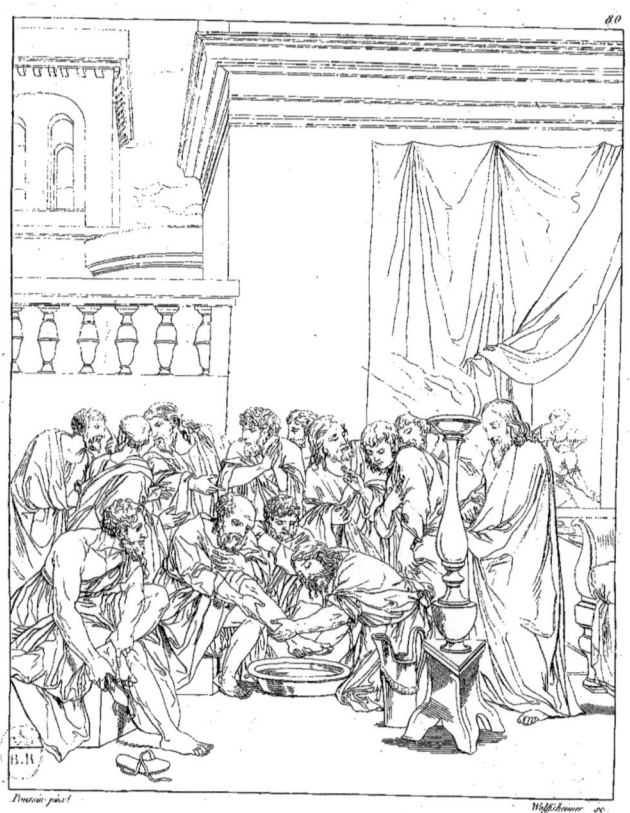

Jésus lave les pieds des Apôtres.

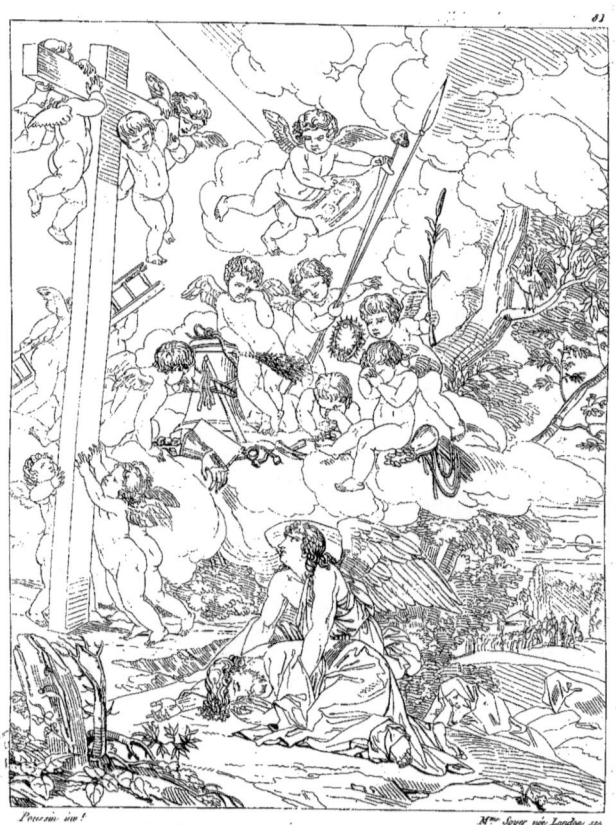

Jésus au jardin des Olives.

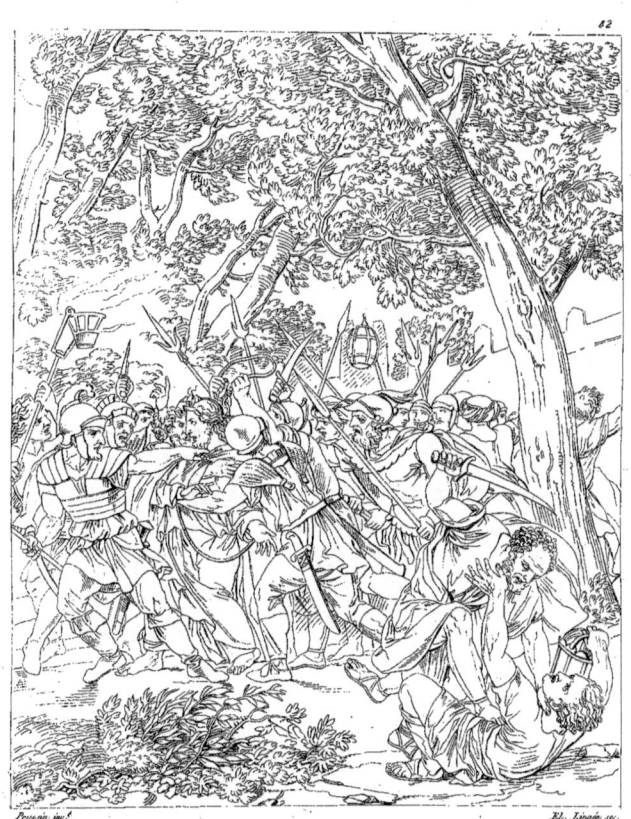

Prise de Jésus.

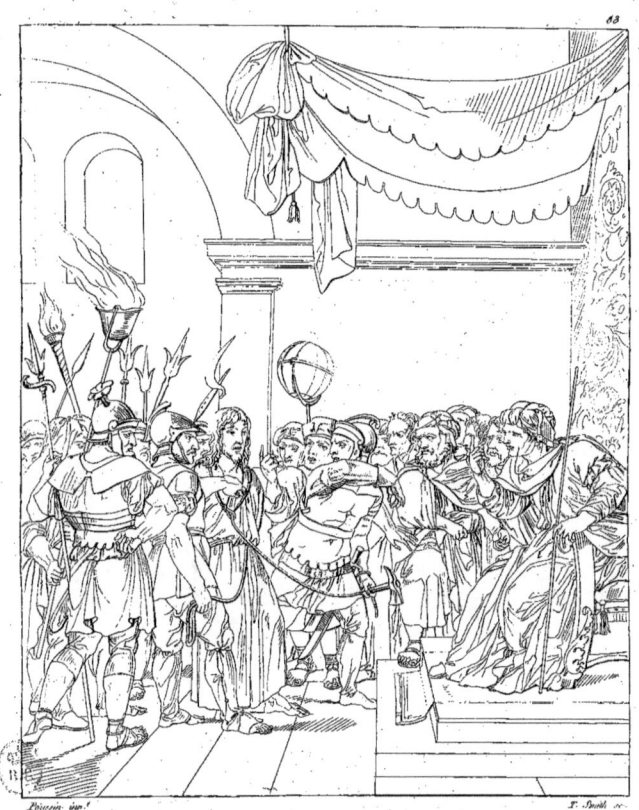

Jésus devant Anne.

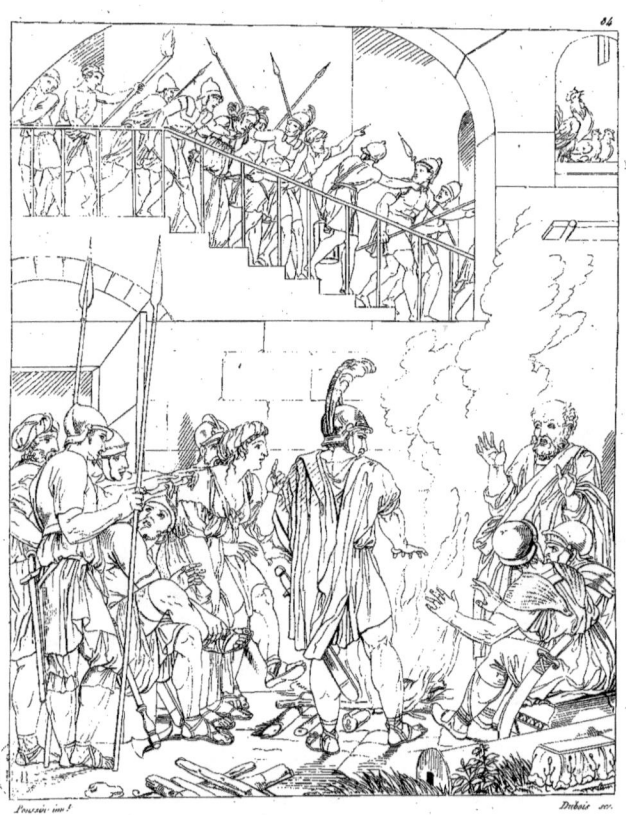

Le reniement de St. Pierre.

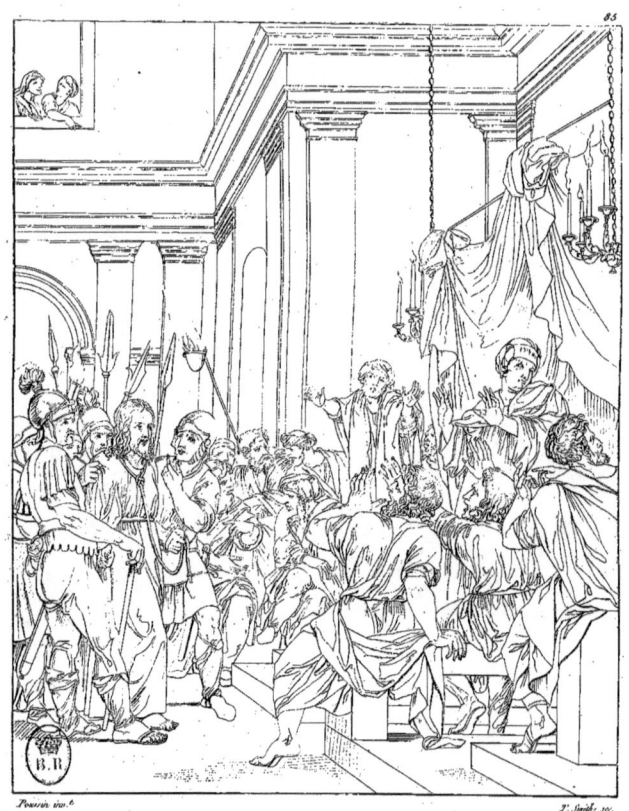

Jésus devant Caïphe

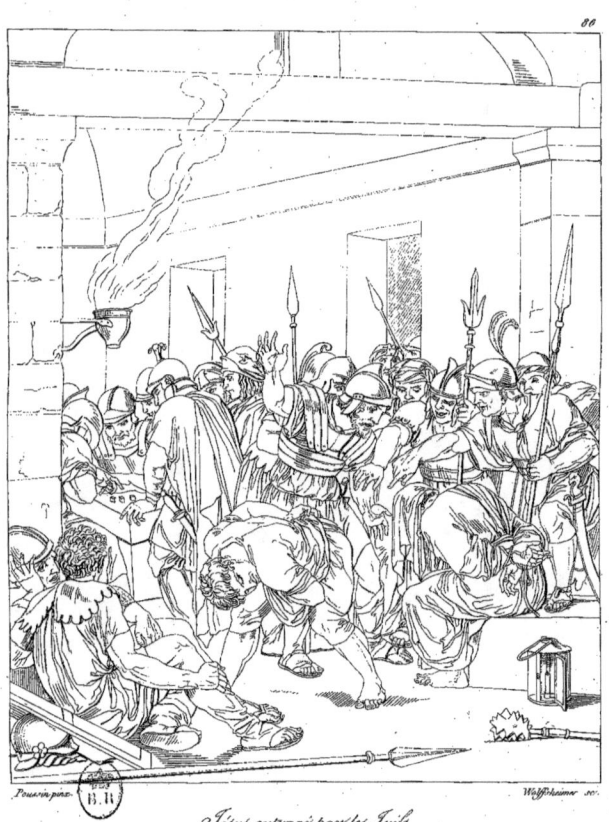

Jésus outragé par les Juifs.

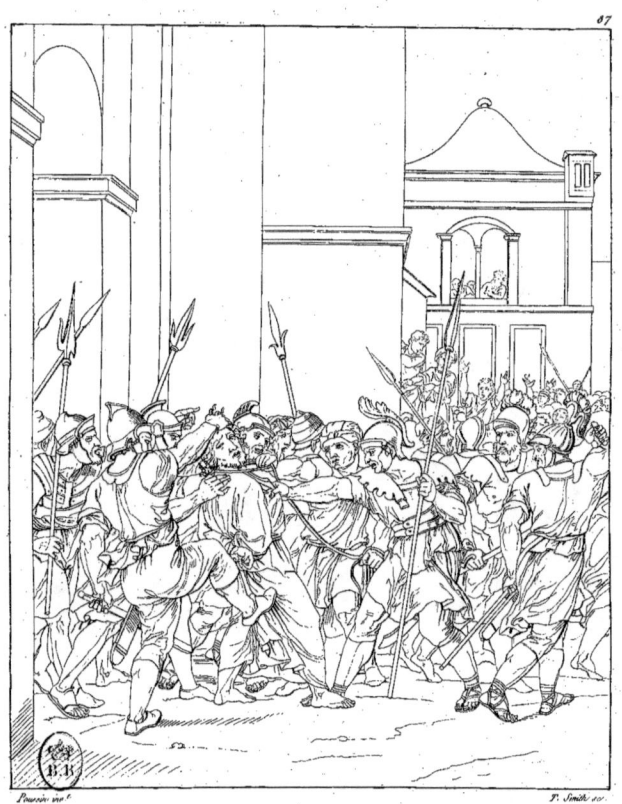

Jésus mené de Caïphe chez Pilate.

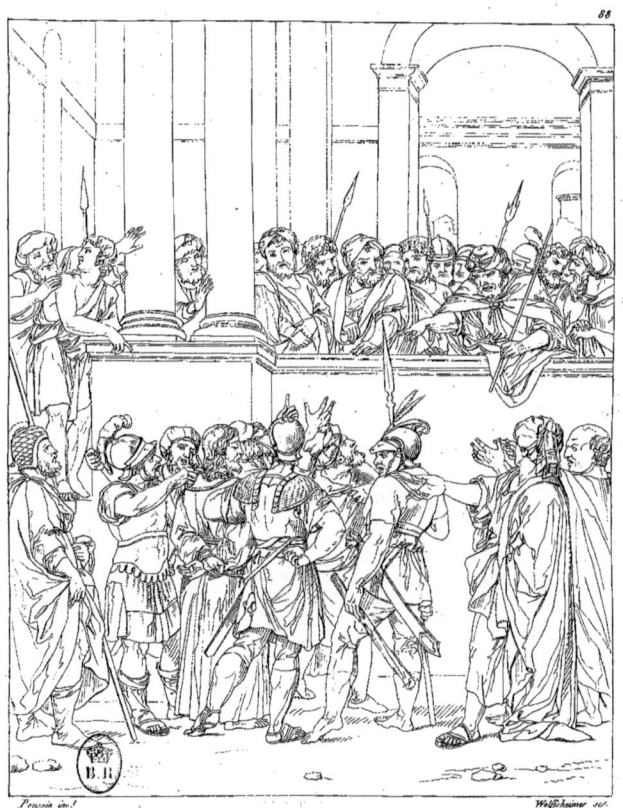

Jésus devant Pilate.

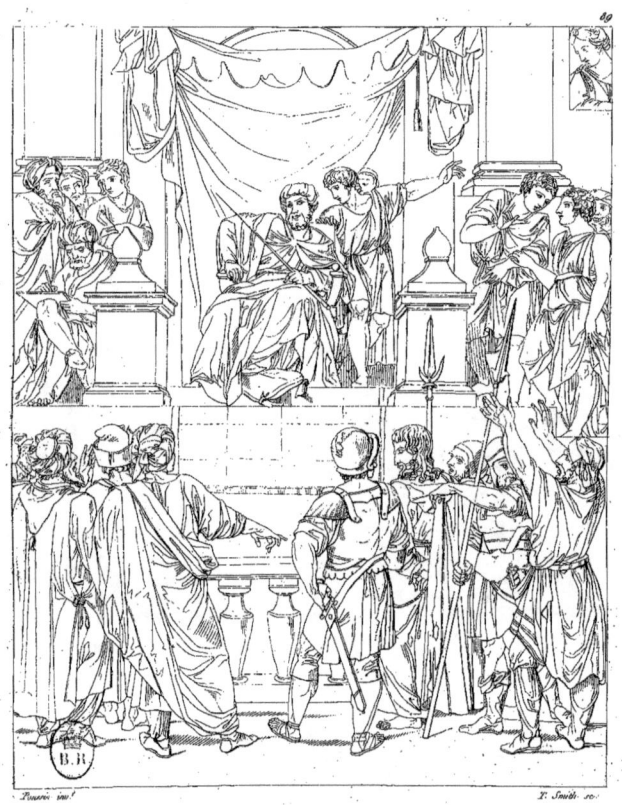

Jésus ramené devant Pilate.

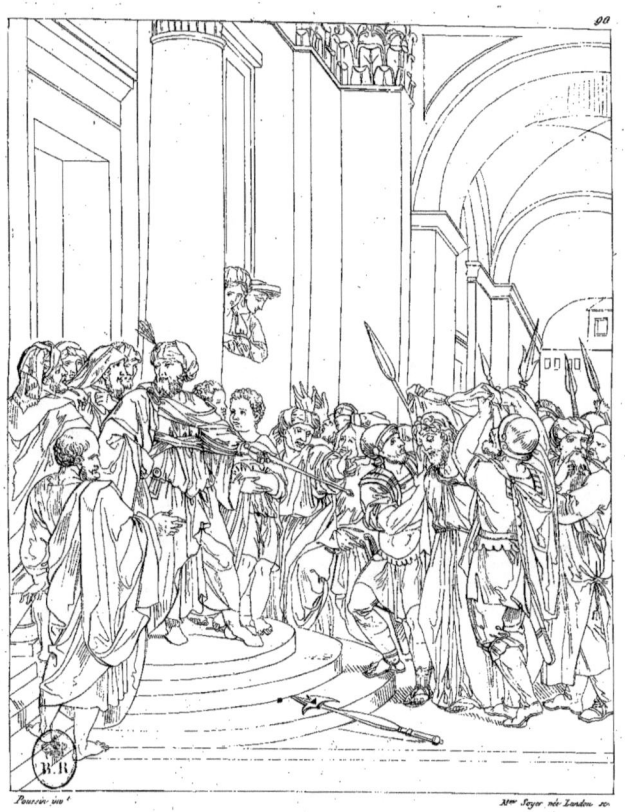

Jésus devant Hérode.

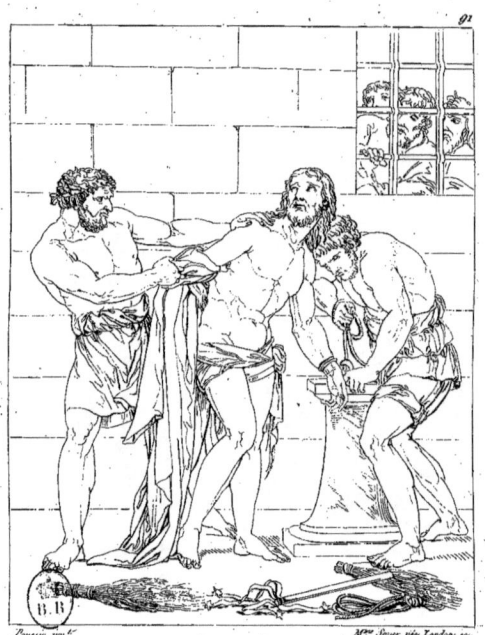

La Flagellation.

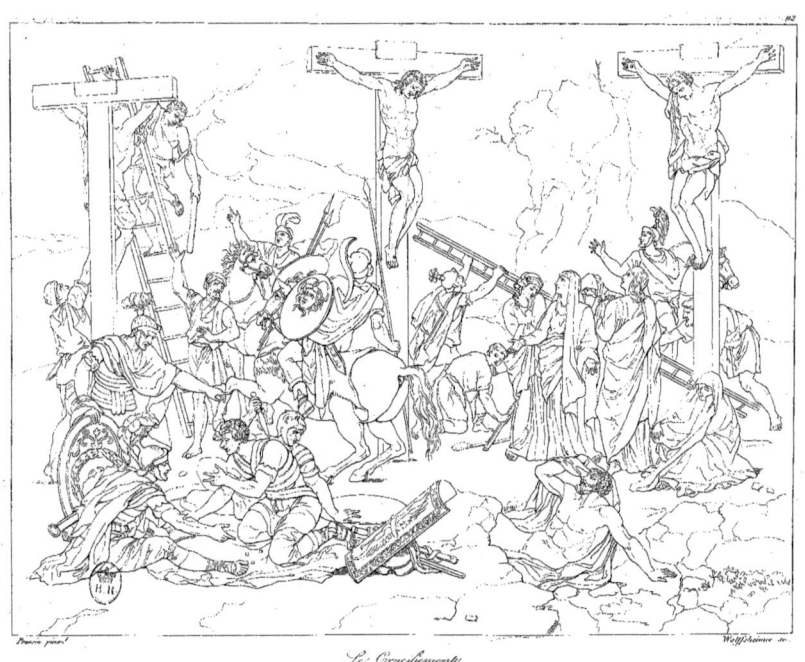

Le Crucifiement.

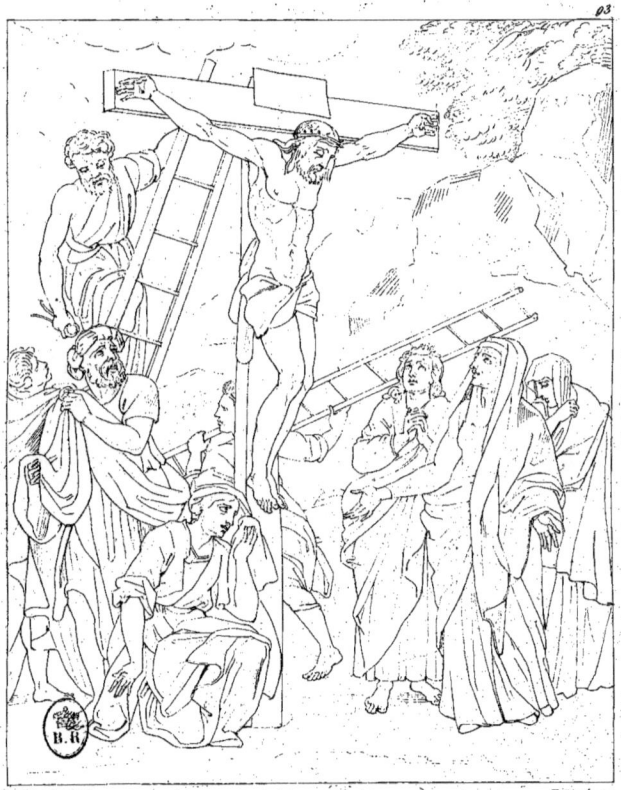

Le Crucifiement.

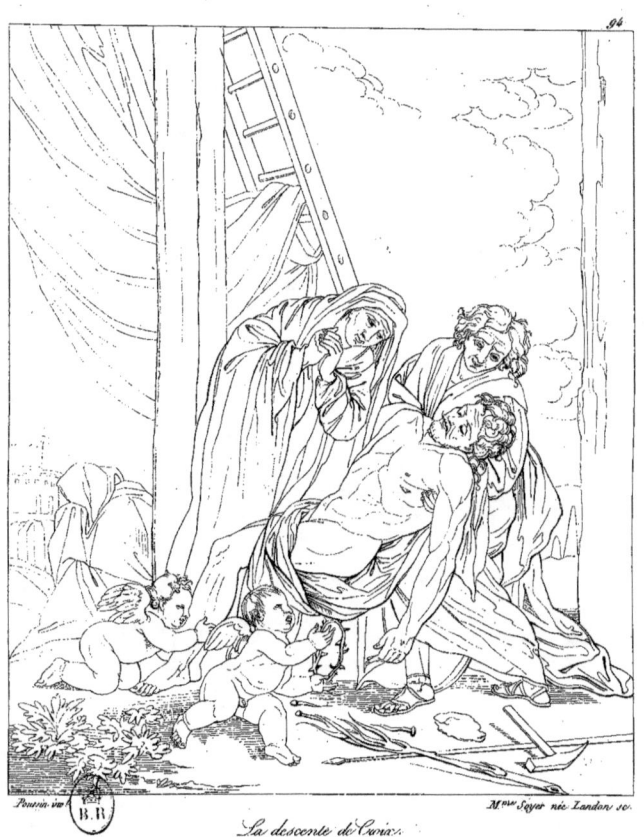

La descente de Croix.

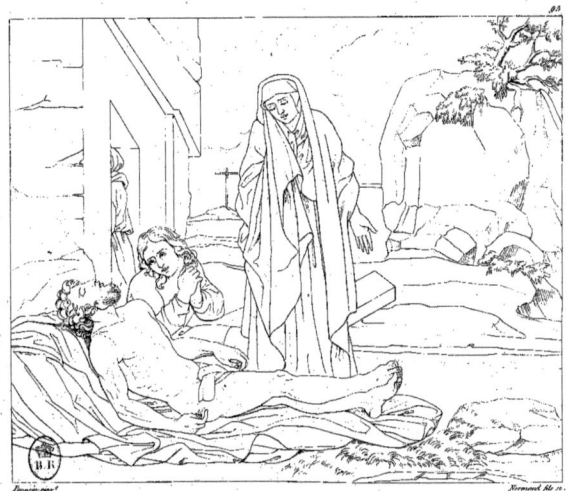

Le Christ au tombeau.

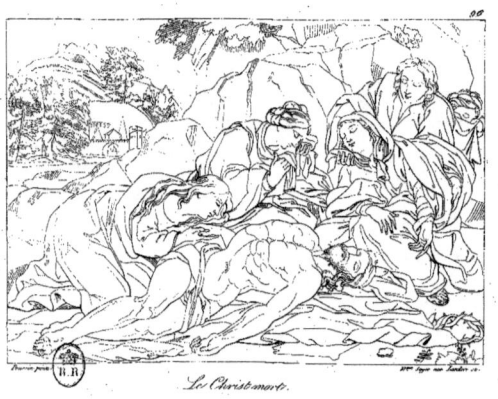

Le Christ mort.

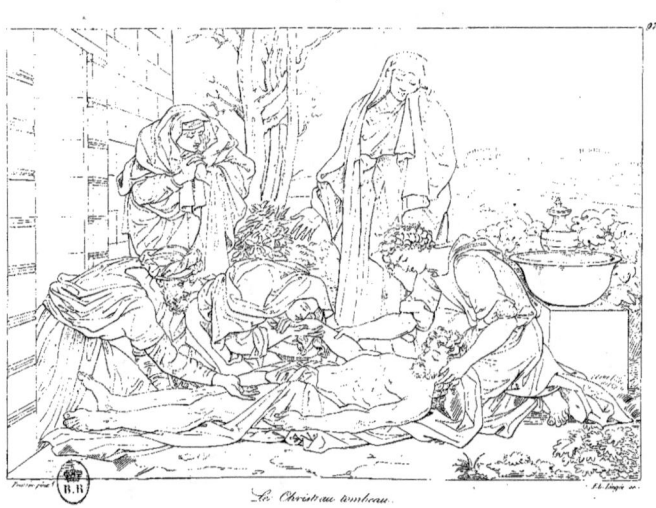

Le Christ au tombeau.

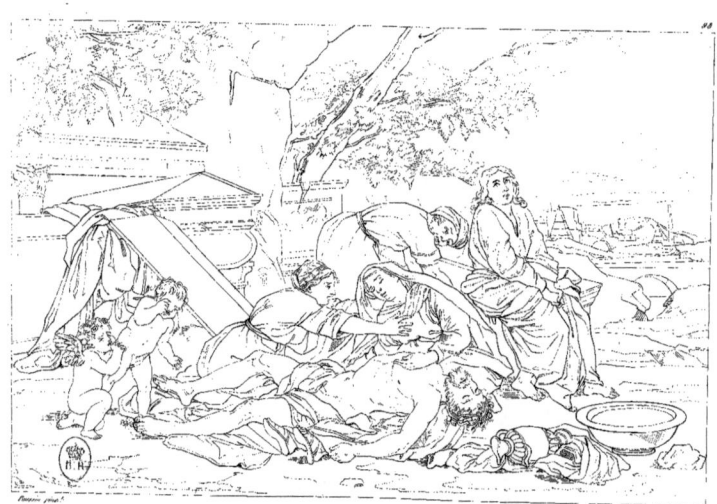

Le Christ au tombeau.

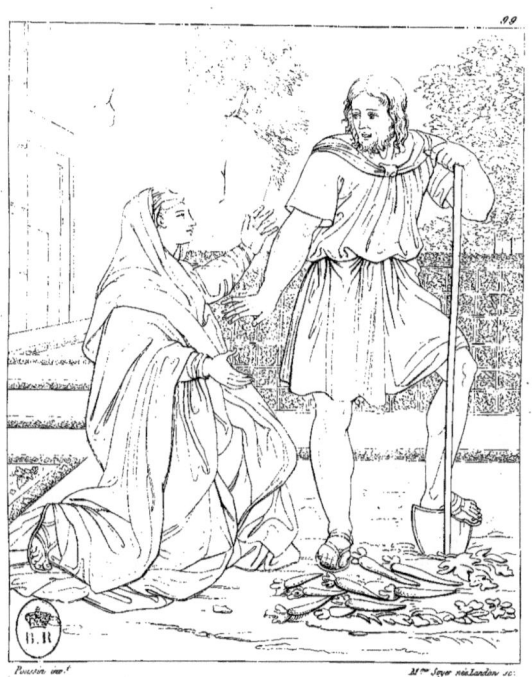

Jésus-Christ apparaît à la Madeleine.

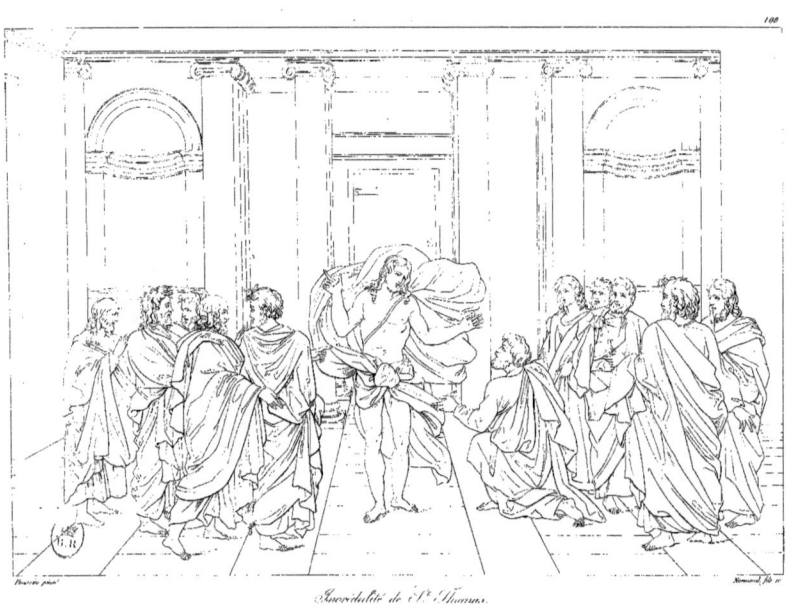

Incrédulité de St. Thomas.

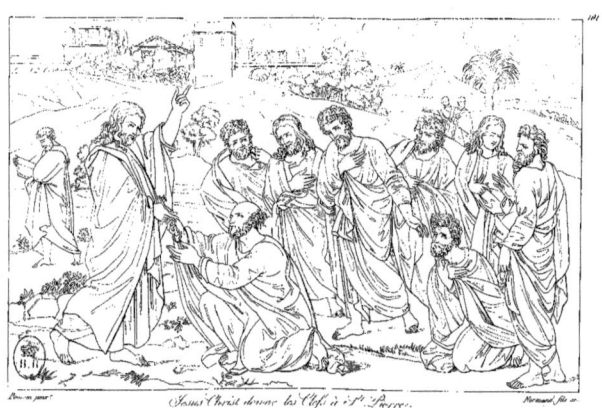

Jesus Christ donne les Clefs à St. Pierre.

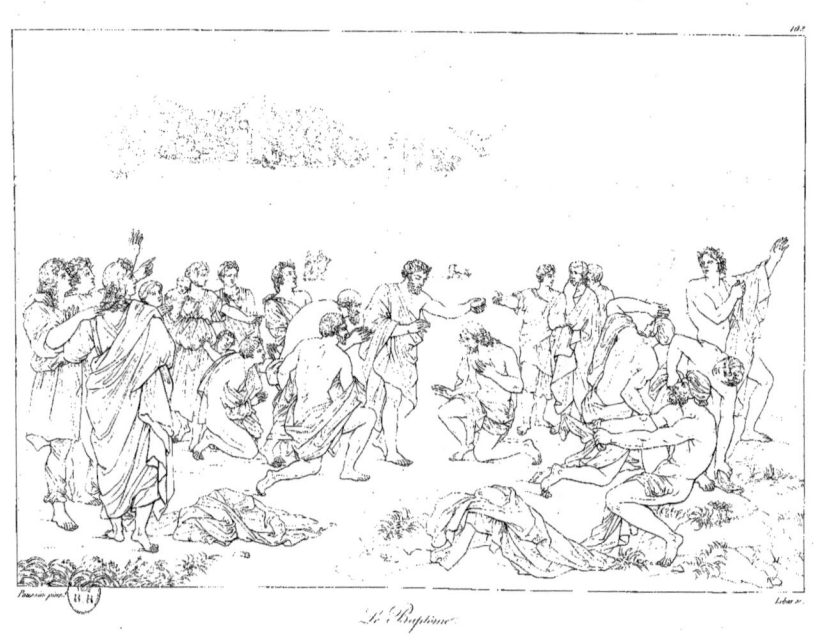

Le Baptême.

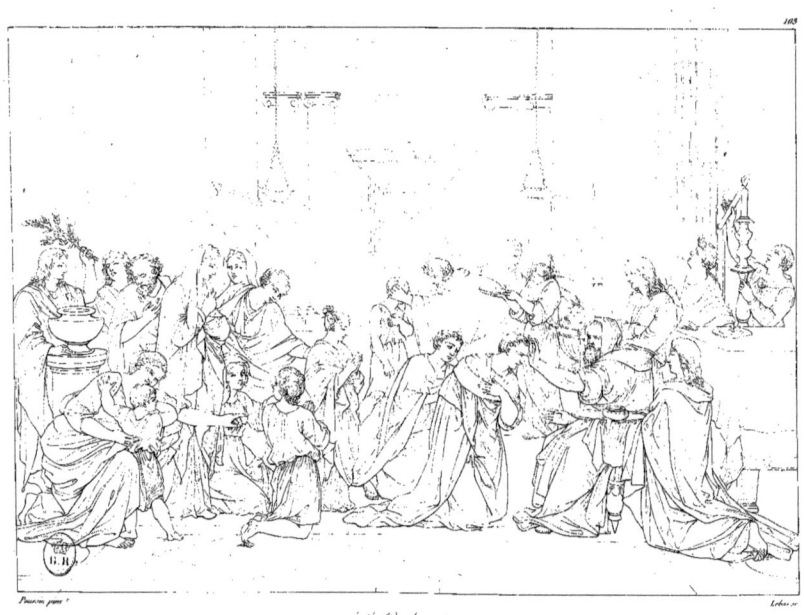

La Confirmation.

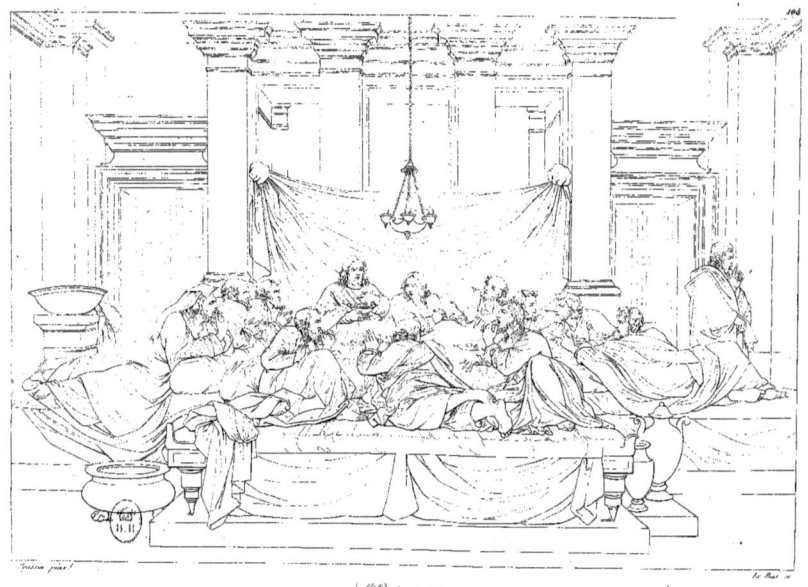

L'Eucharistie.

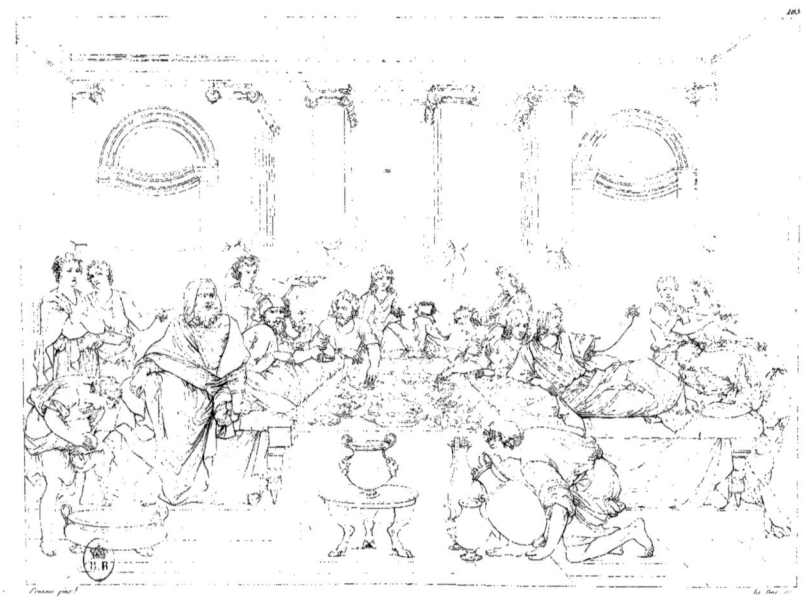

La Pénitence.

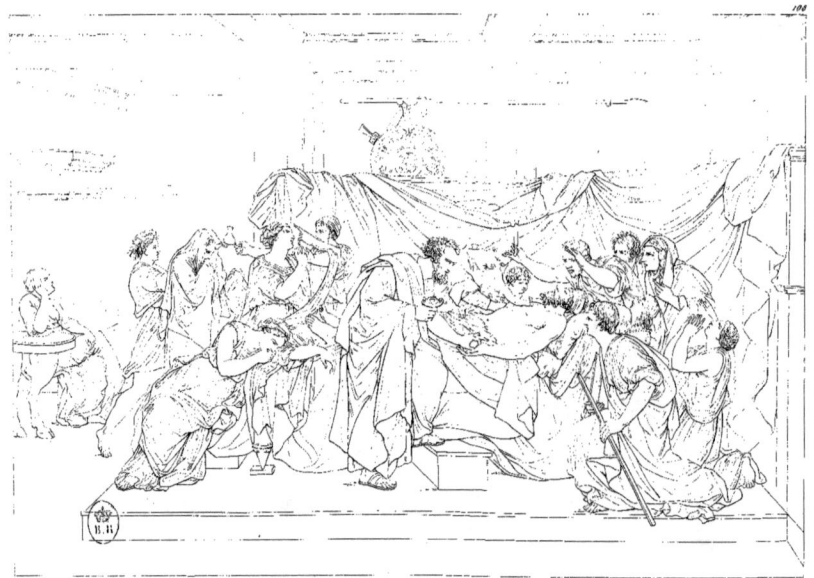

L'Extrême Onction.

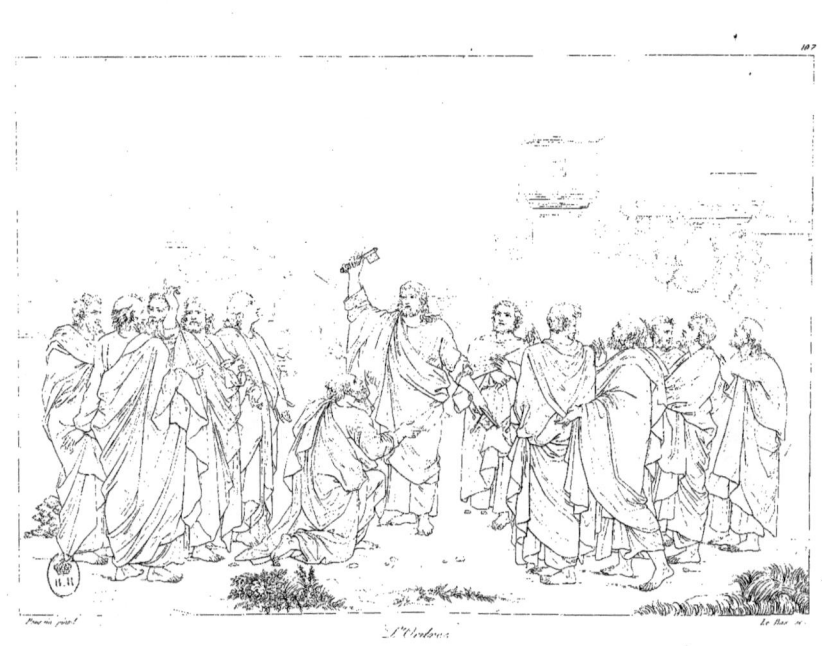

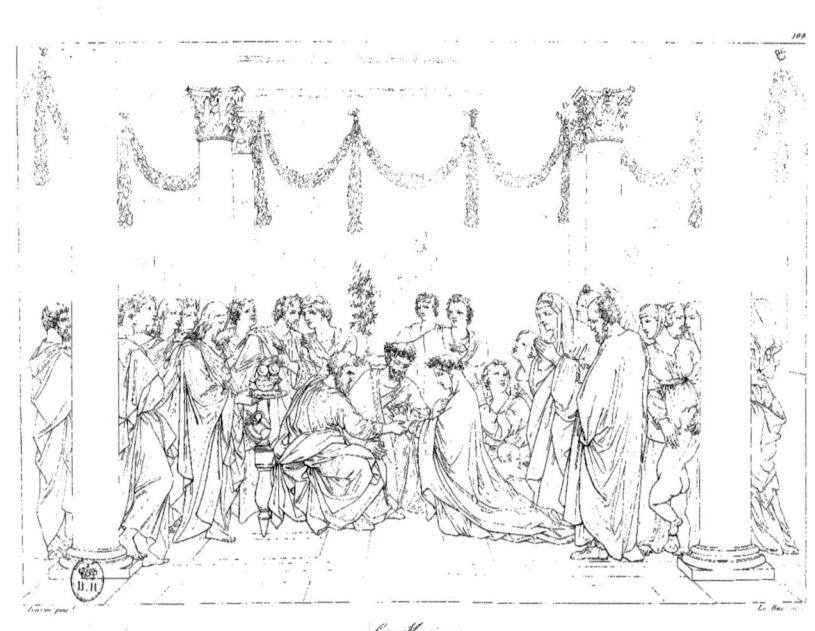

Les Mariages.

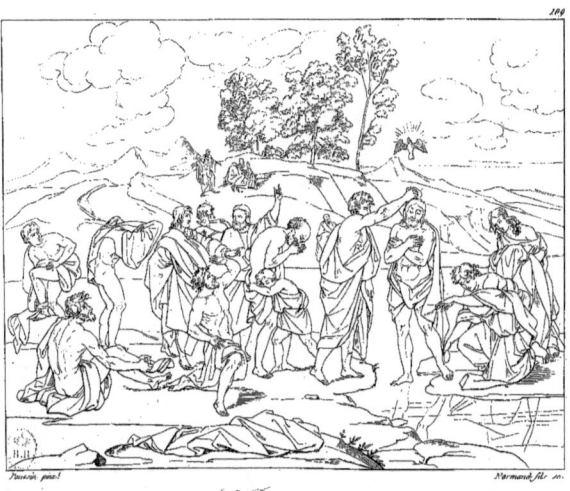

Le Baptême

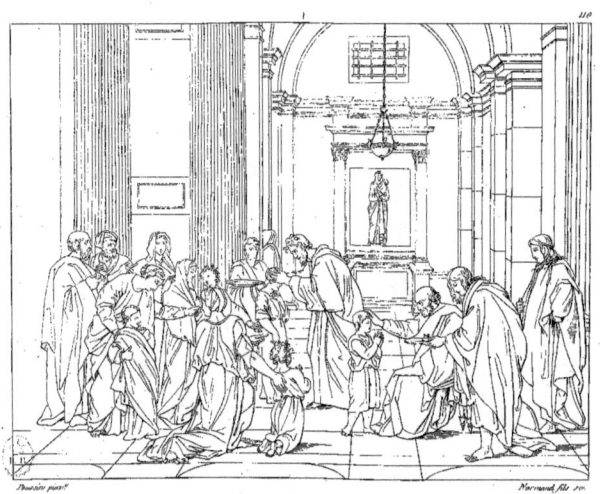

La Confirmation.

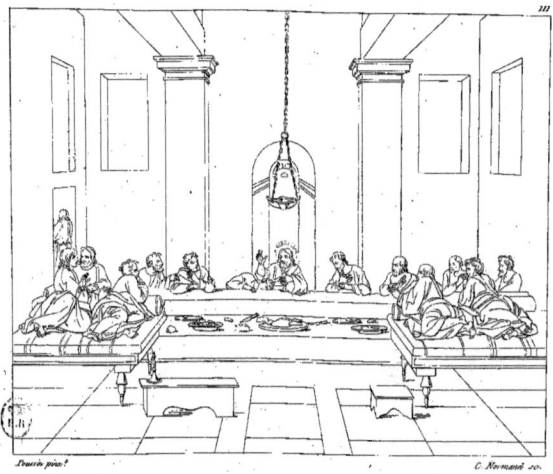

L'Eucharistie.

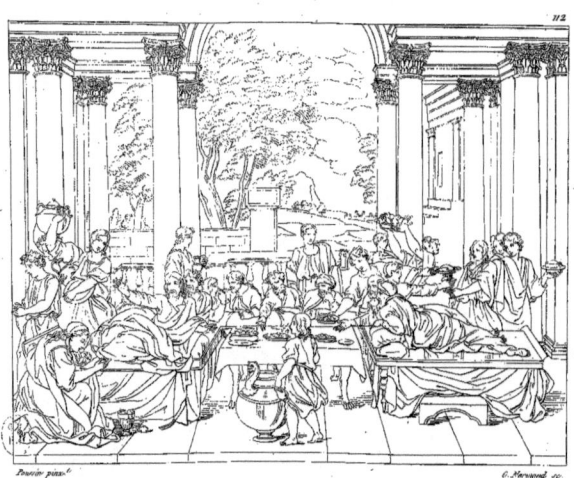

La Pénitence.

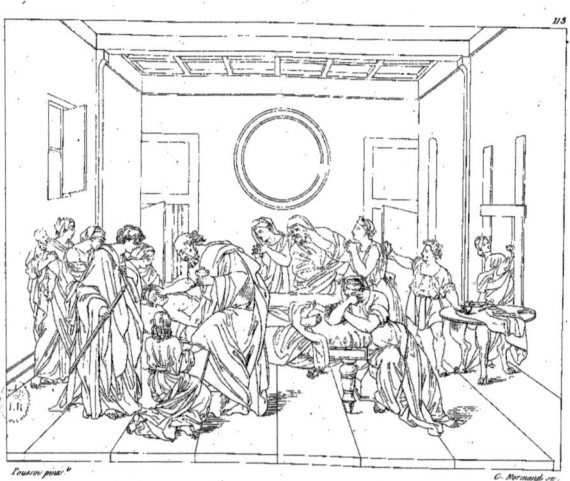

L'Extrême-Onction.

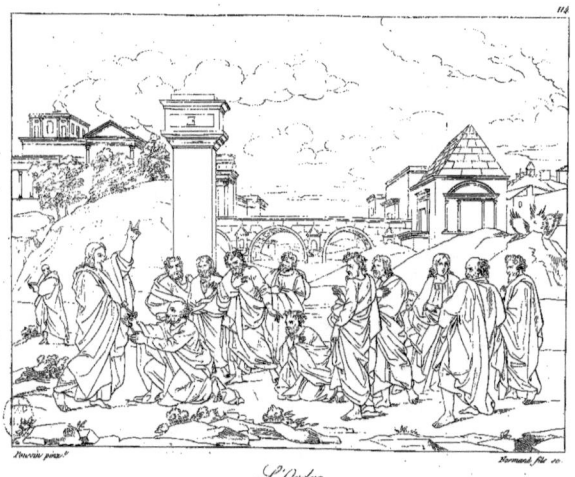

L'Ordre.

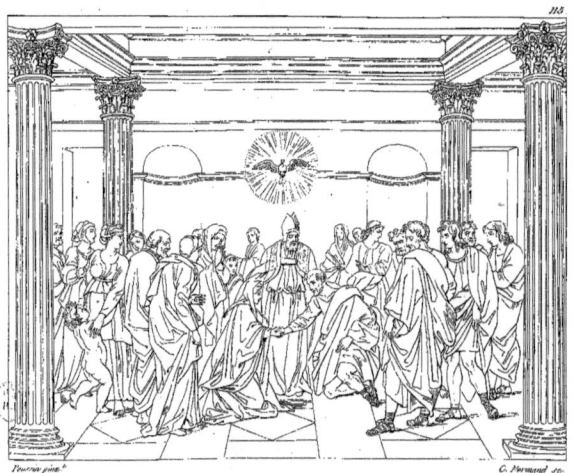

Le Mariage.

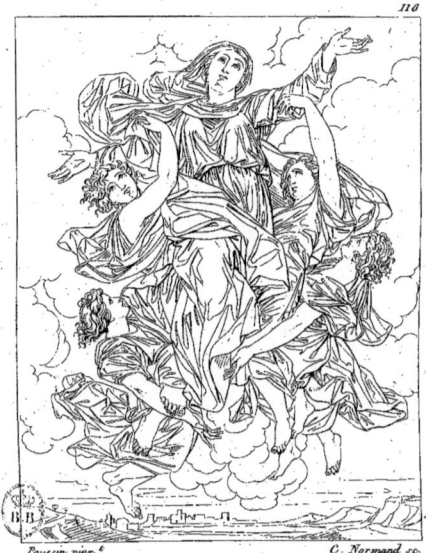

L'Assomption de la Vierge.

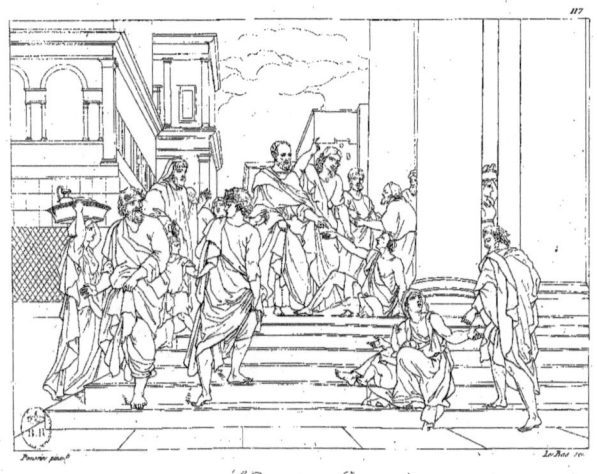

S.t Pierre guérit un Boiteux.

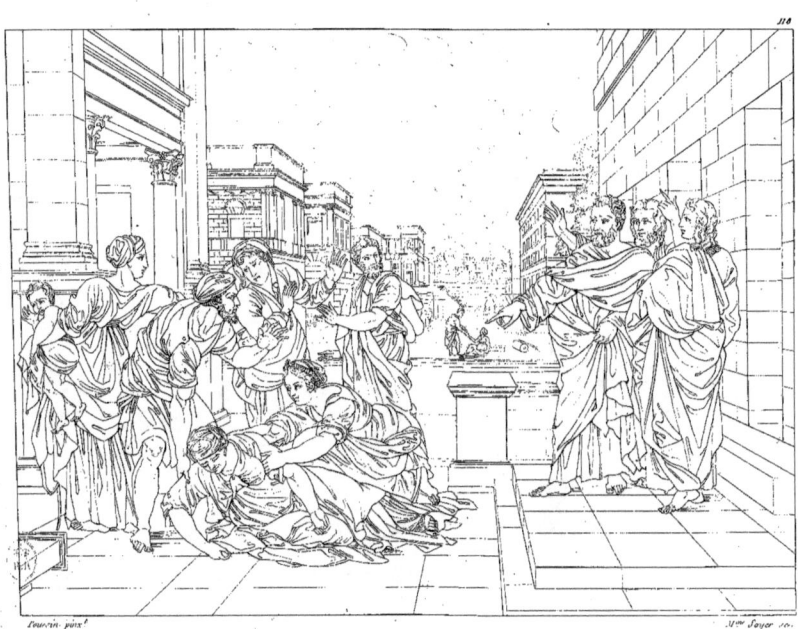

La Mort de Saphire.

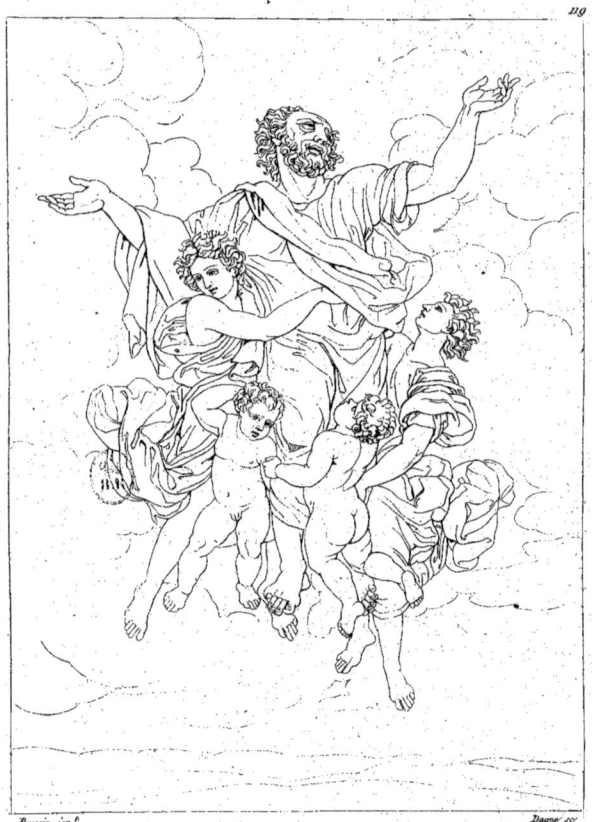

Le Ravissement de St. Paul.

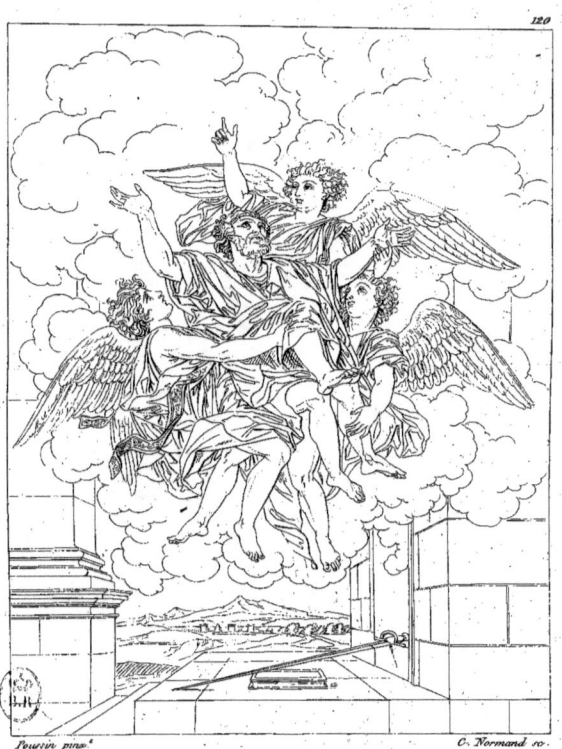

Le Ravissement de St Paul

www.ingramcontent.com/pod-product-compliance
Lightning Source LLC
Chambersburg PA
CBHW050201230526
45470CB00001B/194